河出文庫

旅路の果て

寺山修司

河出書房新社

さらば、テンポイント

もし朝が来たら
グリーングラスは霧の中で調教するつもりだった
こんどこそテンポイントに代って
日本一のサラブレッドになるために

もし朝が来たら
印刷工の少年はテンポイント活字で
闘志の二字をひろうつもりだった
それをいつもポケットにいれて
よわい自分のはげましにするために

もし朝が来たら
カメラマンはきのう撮った写真を社へもってゆくつもりだった

4

テンポイントの
最後の元気な姿で紙面を飾るために

もし朝が来たら
老人は養老院を出て　もう一度じぶんの仕事をさがしにゆくつもりだった
「苦しみは変らない　変るのは希望だけだ」ということばのために

だが
朝はもう来ない
人はだれもテンポイントのいななきを
もう二度ときくことはできないのだ
さらば　テンポイント
目をつぶると
何もかもが見える
ロンシャン競馬場の満員のスタンドの
喝采に送られて出てゆく
おまえの姿が

故郷の牧草の青草にいななく
おまえの姿が
そして
人生の空地で聞いた
希望という名の汽笛のひびきが

だが
目をあけても
朝はもう来ない
テンポイントよ
おまえはもう
ただの思い出にすぎないのだ
さらば
さらば　テンポイント
北の牧場には
きっと流れ星がよく似合うだろう

旅路の果て

旅路の果て　目次

男の敵

ジョン・フォードの映画を思い出しながら

1

植字工のアルバイトの少年が、活字のケースから一つの活字を抜きとった。三・五ミリ位の大きさの、「馬」という活字である。

「これが10ポイント活字か」と少年は、その小ささにおどろいた。おそらく、新聞活字よりも小さな活字である。少年は、テンポイントという馬が生まれたとき、馬主が「将来出世して新聞の、10ポイント活字で記事にのるような馬になるように、という願いをこめて10ポイント（テンポイント）と命名した」という記事を読んだことがある。だから、10ポイント活字というのは、一面のトップ見出しにでもなるような大きな活字かと思っていたのだった。

「どんな未勝利馬だって、10ポイント活字で印刷されることはできるだろうな」と、少年は思った。


あれから、三年。そのテンポイントが有馬記念に本命馬として出走している。その名は七倍の活字より大きく、ファンの目をひきつけた。

「デビューしたばかりの頃は、四百五十キロそこそこの小柄な馬だったのに、いまじや五百キロを超すこともある。逞しくなったもんだよ」と、印刷所の親父さんは言う。

「こんどこそは、トウショウボーイを負かして、文字通りの日本一になってみせるだろうさ」

　少年は、自分のジャンパーの中に今もかくし持っている10ポイントの「馬」という活字のことを思い出す。あの頃は、「自分だけの馬のように思っていたテンポイントだったが、今じゃ日本一の人気馬になってしまった」

　そのことは、誇らしいというよりはむしろ、少年にとってさびしいことだったのである。

　男は一生、ガラクタを引きずって歩く。そして、男の一生自体がガラクタである
　ことを忘れようとするのである。

という、サローヤンの詩の一節が少年の心をとらえる。それにしても、テンポイントは本当に日本一の実力馬になったのだろうか？　一抹の不安がないわけではない。さわってみると、10ポイントの活字の鉛のひんやりとした感触が指を刺すようだ。少年は、有馬記念発馬五分前の満員のスタンドの中で、白い息を吐きながら、なけなしのバイト料十万円で買ったテンポイントの単勝馬券をジャンパーの中にもう一方の手

でにぎりしめているのだった。

2

テンポイントの母のワカクモは、ほつれ毛の不運な女を思わせた。ホステスの万里子は出生の秘密の記事を読んだことがある。ワカクモの母のクモワカは、セフトと星若の仔で、名牝（めいひん）の誉れが高かったが、伝貧（でんぴん）を患って薬殺を命ぜられた。だが、愛馬を殺すにしのびなかった関係者たちは、「殺した」という報告書を出して、実はひそかにかくまっておいた。（母が家来に命じてわが子を殺させようとし、家来がその子をかくまって育てたギリシャ悲劇の「オレステス」を思わせる話だが、実話なのだ）

殺されたことになっていたクモワカは、奇跡的に全快して、カバーラップ二世とのあいだに仔を産んだ。その仔が、ワカクモであった。ワカクモは母の血をひいたすばらしい素質の持主だったので、関係者はこれを何とかデビューさせたいと思った。だが、すでに死亡届の出ている馬の仔を登録させるわけはない。ワカクモは、幽霊の仔として認知されることができなかった。それから、裁判がありクモワカ生存説が新聞を賑（にぎ）わし、ようやく登録されたワカクモは桜花賞をあざやかに勝って母の報復を果たしたが、オークスでは惨めな負け方をした。

　やはり、幽霊の仔に大成をのぞむのは無理だったのか、と噂されながら引退したワカクモの仔がテンポイントである。瘦身で、伏目がちの少年を思わせるテンポイントは、どこかひ弱さの感じられる馬で、クラシックを目ざして東上した皐月賞で、トウショウボーイにあっさりと一敗して地にまみれてしまった。

「テンポイントを見てると、あたしは博ちゃんのことを思い出すのよ」と、万里子さんは言った。ゆきずりの客とのあいだにできた子が、父の認知を得られぬまま成長し、母の万里子さんを恨みながら家出していったのは四年前のクリスマスの夜だった。それ以来、万里子さんは酒びたりで、下手な賭博にまで手を出して借金だらけになり、テンポイントとワカクモの母子のドラマを勝手にわが身にひきつけて買いつづけてきたのであった。

「何が何でも、テンポイントに勝たせたいわ」と言う万里子さんの心情は、もはやレースに賭けるといったものではなかった。「あたしは、あたし自身を買うんだわ」

　そう呟きながら満員のスタンドで息をつめて見守る万里子さんのうしろ姿は、こころなしかめっきりやつれたように見えた。

3

トウショウボーイが天皇賞で惨敗したのは一つの謎だった。それまで三着以下が一度もなかった馬が、直線でバッタリと走らなくなってしまった。十三戦して十勝し、二着が二回、三着が一回。史上最強とまで言われたこの馬が、坂のあたりでずるずる後退するのを見たとき、ファンは「事故か」と思ったことだろう。

何しろ、四歳で有馬記念二千五百メートルを二分三十四秒〇でレコード勝ちし、古馬を一蹴（いっしゅう）した実力馬である。そのトウショウボーイの唯一の三着が菊花賞三千メートルの長丁場のせいだったと主張してきたジャーナリストたちは、天皇賞三千二百メートルでの惨敗もまた血統のせいだったと分析した。

実際、その後の調教でも目を見はるようなタイムを出している。もし、天皇賞の一敗が三千二百メートルという距離のせいだけだったとするならば、今日の有馬記念の二千五百メートルは、すでに昨年レコード勝ちした距離であり、そこで当面の敵のテンポイントをも破っているのだから、「負けるわけが一つもない」ことになる。成績をみても、五十二年になってからのトウショウボーイは宝塚記念、高松宮杯と二戦二勝し、四カ月休養したあと、オープンで千六百メートルを一分三十三秒六という驚異的なレコードで勝っている。前回の天皇賞での謎の一敗さえなければ、この馬が有馬記念を制するのは、九十九パーセントまで確実視されたことだろう。

だが、あの一敗は？　と、競馬記者の三村は首をかしげていた。本当に、距離が原因なのだろうか？　それとも巨漢馬にありがちの持病の深管不安のせいなのではあるまいか？　もし、そうだとしたら六十二キロのハンデを背負って不良馬場の高松宮杯に勝ち、見習騎手の黛で千六百メートルをレコード勝ちした、目に見えぬダメージが残っていて、それが右前深管をいためつけているということも考えられる。

「万一、そんなことがあったら、今日のトウショウボーイは、二着どころかドン尻ということも考えられるかもしれない」と三村は思った。


思えば、トウショウボーイの経歴は、華麗なものであった。デビューする前から、テスコボーイとソシアルバターフライの仔ということで期待され、デビュー戦で十八頭立ての十八番にもかかわらず一番人気を集めて逃げて楽勝。二戦目では連勝馬の葦毛のホウヨウシルバアを先にいかせて直線をあっさりとかわしてしまった。

三戦とも一番人気で楽勝し、四戦目で関西のナンバーワンといわれたテンポイントを迎え撃ったわけだが、これもほとんど問題にせぬ勝ちっぷりだった。それまでのテンポイントが五戦とも一番人気で楽勝してきたことを考えると、トウショウボーイの強さは、ケタ外れのものだということがわかる。ジャーナリストたちは、トウショウボーイを「天馬」と呼び、「史上最強」とまで書きたてた。

だから、ダービーで圧倒的一番人気になりながら、クライムカイザーの二着に敗れたときも、騎手池上の「乗りまちがい」と言ったり、「油断の一敗」と書きたてたりした。そしてトウショウボーイの実力が一頭ぬきんでていることは、だれ一人疑うものがなかったのである。（実際、クライムカイザーはその後、トウショウボーイに挑んで神戸新聞杯でも、京都新聞杯でも、あっさりと退けられている）

4

トウショウボーイとテンポイントとの対決は、最初の皐月賞でトウショウボーイが一着し（二着テンポイント）、つづくダービーではトウショウボーイが二着（テンポイントは着外に敗れている）そして菊花賞で、はじめてテンポイントが先着したが、勝ったのは穴馬のグリーングラスだった。有馬記念でトウショウボーイが一着（テンポイントは二着）し、四歳時の実力は、だれが見てもトウショウボーイの方が上位だった。

当時トウショウボーイは五百十キロ台で、テンポイントは最高で四百七十六キロである。鹿毛のトウショウボーイは、骨太で逞しく、いかにも猛々しく見えたが、テンポイントは栗色で、全身がほっそりと見えた。この二頭の比較は、

トウショウボーイ	テンポイント
叙事詩	抒情詩
海	川
夜明け	たそがれ
祖国的な理性	望郷的な感情
漢字	ひらがな
レスラー的肉体美	ボクサー的肉体美
橋または鉄骨	筏またはボート
影なき男	男なき影
防雪林	青麦畑

とても対比されるべきものであった。

しかし五歳になってからのテンポイントは少しずつ逞しさを身につけ、そのひ弱なイメージから次第に訓練をつんだスポーツマンのような肉体へと変貌をとげていった。

京都記念でホシバージ以下を下し、鳴尾記念でケイシュウフォード以下を下し、トウショウボーイの出走しない天皇賞もあっさりと勝って重賞三連勝。無敵の五歳馬へと成長した。

「もう本物だ」と、ファンは言ったものだ。

今のテンポイントならトウショウボーイにも負けないだろう。五十二年六月のファン人気投票による宝塚記念レースにテンポイントは一番人気で出走し、休養あけ五カ月半ぶりのトウショウボーイは二番人気になった。

だがゲートがあくとポンと出たトウショウボーイは（まさに翼をもった天馬のように）あっさりとハナに立ち、他馬をよせつけるひまもなく二千二百メートルを逃げ切ってしまったのだった。必死でこれをかわそうとするテンポイントにムチが加えられたが、〇秒一およばず、またしてもトウショウボーイに敗れたのである。

その後、テンポイントは二戦二勝、一方のトウショウボーイも二戦二勝だったが、天皇賞でホクトボーイ以下に、謎の大敗を喫している。距離と対戦成績をみても、あきらかにトウショウボーイが上位である。この謎の一敗をのぞけばトウショウボーイがテンポイントに敗れる理由は何一つないはずであった。

5

男はだれでも苦手というのをもっている。そして泳げないものが海に魅かれるように、男はその苦手に魅きつけられつづけるのである。

とサローヤンは書いている。

「タカライジンとフジノオーの関係に似ているね」と、スシ屋の政が言った。「テンポイントがタカライジンで、トウショウボーイがフジノオーだ」というのである。タカライジンは他の馬にはほとんど負けたことがなかったが、どうしてもフジノオーにだけは勝てなかった。ところが、フジノオーは、いろんな馬に負けた。タカライジンにあっさり一蹴された馬にも、接戦の末、敗れることがあった。それでも中山大障害になると、タカライジンと一騎打ちをやって、必ずこれを葬ったのである。

「ということは、テンポイントはトウショウボーイには勝てないということかい?」

と訊くと、スシ屋の政はうなずいた。

たぶん、この宿命の対決だけは、たとえトウショウボーイが跛(びっこ)になっても、テンポイントにだけは勝つような気がする——というのである。バーテンの万田も、そう信じたい、と思った。たとえ理にかなわなくとも、そうであってほしいと思いたかったのだ。

だが、一年前とは状況が大きく変わっていた。前年にファン投票一位だったトウショウボーイは、ことしは二位におちてテンポイントに王座をゆずっている。売れ行きも、前日発売で、一時は（生涯ではじめて）四位にまでおちている。一方のテンポイントは圧倒的に他を離しての一位。逞しさも身につけ、体重も、中間調教では五百キロを越えて菊花賞のグリーングラス、有馬記念のトウショウボーイと互角、そして名実ともに「日本一」の座に一歩ふみこんでいる。不運の名馬のイメージは、今やテンポイントからトウショウボーイにうつりつつあった。だがその理由はたった一つしかない。それはトウショウボーイが天皇賞で謎の惨敗をした、ということだけなのである。

「こうなったら意地でも人気にさからってトウショウボーイに賭けてやるぞ」と、バーテンの万田は思った。「大体、テンポイントはファンに愛されすぎるのだ。弱いと同情され、強くなると敬愛され……」

6

武邦彦の騎手生活の中でも、このトウショウボーイとテンポイントの二頭は微妙な役割を演じていた。鹿戸明で連勝してきたテンポイントに、ダービーで乗り替ったのが武邦彦だった。そして武邦彦は、ダービーで七着と惨敗して再び鹿戸明に手綱を返すことになったのである。

前年、わずか四勝しかしていない裏街道の鹿戸明に対し、つねに話題を集め花形ジョッキーの座をあゆんできた武邦彦である。テンポイントを負かしたいというのは男の意地でもあったことだろう。保田廏舎の主戦池上から手綱をもらって有馬記念でテンポイントの鹿戸明と対決し、これを破った。

以来、「テンポイントの鹿戸明にだけは負けない」という意地を通してきて、今日の有馬記念である。このレースを最後に引退するということもあって、武邦彦はどうしてもテンポイントにだけは負けたくない、と思っていた。世評ではテンポイントが上まわっていたが武邦彦はトウショウボーイがテンポイントに負けるとは思っていなかったのである。

「どう乗っても、おれは勝つ」と武邦彦は自負していた。レース五分前、武邦彦はちらっと鹿戸明の顔を見た。鹿戸明は、成績不振だが、なぜかテンポイントに乗ったときだけは別人のようだった。射手座生まれ。一発屋。その目には燐のように青い炎が燃えているようだった。

二人の男がいた。二人とも、中年で黒いよれよれの外套を着ていた。指話で話しながら、穴場に並んで立っていた。私は、そのすぐうしろに立って、馬券を買う順番を待っていた。二人の男は仲良く並んだ穴場に手をさし入れた。だが、買った馬券はべつべつだった。一人はトウショウボーイ、もう一人はテンポイントだったのである。なけなしの貯金をおろして、年の瀬の有馬記念に本命馬を買うことを唯一のたのしみにしている養老院の沢松おじいさんは、ことしもためらわずテンポイントを買った。（このじいさんは、去年は一番人気のトウショウボーイを買ったということをおぼえているだろうか？）

関西の鉄工所で仕事に失敗してクビになった吉武という男は、いま錦糸町でバーテンをやっていた。彼は関西から来た馬が負けることにだけ賭けつづけるファンだった。テンポイントなんかに勝たれてたまるか、と吉武は心の中で思っていた。何が何でも、トウショウボーイに勝ってもらわねば困るのだ。成績なんかどうでもいい。大衆の人気だけを信じたい、と思っているのは、美保さんだった。美保さんは、まだ売れないレコード歌手である。まだ売れない、といってももう三十七歳。苦節十年はとっくに通りこして、いまも場末のキャバレーで他人の持唄ばかり唄っているのである。得意の唄は小林旭の「昔の名前で出ています」——地方落ちした中央の重賞勝ち馬が、名前も替えずに金沢や水沢で走っているのを見るような、わびしい感じが、彼女の声には似合うのだ。

　いままで、テンポイントが一番人気になったことは十二回。（これはテンポイントの勝数よりも二つも多い）、一方のトウショウボーイも十二回。（これもトウショウボーイの勝数よりも二つ多い）もちろん、今日の人気のことを考えれば、美保さんの買うべき馬は、テンポイントの方であった。

　だが、私はトウショウボーイに賭けていた。私には「落ち目」愛好癖というのがあって、なぜか下り坂のものへの心の傾きをおさえることができないのだ。師走の空っ風の中で、私はオーバーの襟を立ててスタンドの中にいた。そのポケットにはトウショウボーイの単勝が十万円。泣きたくなるような思いで「テンポイントだけには負けるなよ」と、つぶやきつづけているのである。

7

　ゲートがあくと、まずとび出したのは、スピリットスワプスではなく、トウショウボーイとテンポイントの二頭だった。スタンド前では、このレースが両馬の一騎打ちになるということが、誰の目にもあきらかになった。馬場が重かったので、どの馬も馬場の中央を通り、内側が大きくあいた。天皇賞でトウショウボーイを深追いしすぎて、共倒れになったグリーングラスは、そのトウショウボーイを射程距離に入れて走り、そのすぐあとの位置をプレストウコウがキープした。少なくとも最初の二ハロン位は先頭に立つと思われていたスピリットスワプスは、出番を失った脇役のようにしか見えなかった。やがて大きくあいた内を衝いてテンポイントが少しずつあがってくると、武邦彦はそれを待っていたようにトウショウボーイを内に寄せはじめた。

そのため内ラチとトウショウボーイに前をふさがれて、テンポイントは袋小路に入ってしまった。そのままテンポイントは、後方の馬に尻を突かれるようなかたちで内ラチぴったりをトウショウボーイに引き摺られた。馬場の重い内ぴったりを、他馬のペースで走ることは、かなりのハンデになる。このまま四角までいったら、テンポイントはバテてしまうだろう。鹿戸明は思いきって、テンポイントをトウショウボーイより前に出すことを考えた。誰もが予想しなかった展開である。テンポイントが内を抜けてトウショウボーイより前に出ようとすると、それを待っていたようにトウショウボーイもピッチをあげた。スタンドが騒然となった。トウショウボーイは、テンポイントを内から出さないようにしているのだ。

向う正面では競りあうかたちで両馬がデッドヒートを演じはじめたが、テンポイントはどうしてもトウショウボーイの前に出ることができない。「危険だな」と、私は思った。グリーングラスがその両馬の競りあいにまったくからんでいかないのだ。このままいったら、トウショウボーイとテンポイントは共倒れになってしまうだろう。そう思った矢先、テンポイントがずるずるっと下りはじめた。一瞬、トウショウボーイは単騎先頭に立った。トウショウボーイに一息入った。

だが、テンポイントは力尽きたのではなかった。内から抜け出すのをあきらめ、いったんさげて外からの追い込み策をとったのだ。トウショウボーイが単騎で喝采に迎えられて四コーナーを曲がろうとするとき、その外側からテンポイントが並びかけていった。一瞬の出来事だった。テンポイントが来ると、トウショウボーイはこれを離して再び先頭を奪った。だが、こんどはテンポイントにコースの不利はなかった。

二頭並んだまま直線に入ると、テンポイントがぐんぐん抜け出したのだ。トウショウボーイは、これを必死で迎え撃つかたちになった。武邦彦のムチがとんだ。だが、テンポイントの脚色(あしいろ)の方が目立った。トウショウボーイに、昨年このレースでレコードを出したほどの冴えがないのか、それともテンポイントの報復の怨念の力がそれにまさったのか。怒濤のようなスタンドの歓声の中をテンポイントが一頭であざやかにゴール板前を通過していったのだ。

軽い目まいの中で、サローヤンの詩「ロック・ワグラム」の中の一節を思い浮かべ、自分の体が急に軽くなってゆくように感じるのだった。

負けることを知るのは、男のやさしさである。だが、それを受け入れたときから男はもう同じ場所には、いられなくなる。戸をあけて出てゆくほかはなくなる。そして、外は今日も冷めたい風が吹いているのである……。

あの馬はいずこに

旅路の果て

スイジン

新宿の酒場〈牡丹(ぼたん)〉にいたスミ江という女が、ある日ぷっつりと姿を消した。どこか影のある女だったが、聞くと七年来寝こんでいる夫がいて、その病院代をかせぐためにホステスをやっているという。だがこの不景気では、給料だけではやってゆけず、ときには体まで売っているという噂もあった。その夫が入院して六年目あたりから少しずつ病状が恢復(かいふく)した頃、スミ江の顔には、はじめて春が来たように明るさが甦った。酔って、めずらしく冗談を言っているスミ江を見たときに「かわいい女だな」と思った印象は、今も忘れられない。

ところが、その夫は七年目で退院すると、入院中にできた看護婦と、さっさと駈け落ちしてしまい、スミ江が一人だけとりのこされたのである。私は殿さまキングスの「おんなの運命」を思い出し、スミ江がかわいそうになった。

つくすだけつくして捨てられる
おんなの運命

ああこの世には　不幸な女には……

そのスミ江が、姿を消してまもなく山形県の上山(かみのやま)にいるという噂が入ってきた。やはり、酒場のホステスをしているという。〈牡丹〉のマスターに、未払いの給料が三カ月たまっているので、渡してきてくれないか、と頼まれて、私は生まれてはじめて、上山へ行き、そこの競馬場でイワヌマホープという名の老馬を見たのだった。

圧倒的に一番人気に推されているイワヌマホープは、すでに十歳である。それでこれだけ人気になるのは何か、いわくがあるのだろう。そう思ってみると、その馬にはどこか品があるのに気がついた。

血統を見ると、父がマークイウエル、母がマスリで、持込馬となっている。待てよ、と私は思った。この血統には憶えがあったからである。そこでパドックに出てくる馬を待ってたしかめると、やっぱりそうだった。母マスリ、十歳、鹿毛、といえばスイジンのことだったのだ。だが、イワヌマホープと名を替えたスイジンには、すでに往年の面影はなかった。

すでに、上山の草競馬でさえ、一番人気になりながら、連戦連敗をつづけているのは、浅草の国際劇場の華やかな踊り子が名をかえてドサ回りのストリッパーにでもなったような切なささえ感じさせるものだった。

やがてゲートがあいたが、佐藤という騎手はおさえたままで先に行かない。あの、華麗な出足で、福島記念を二度逃げ切ったスイジンは、砂ぼこりをあびながら中団のままでいいところがなく、直線ではズルズルと後退してしまったのである。

中央時代のスイジンは六歳まで逃げて勝ちまくり、十勝以上をあげている。だが、七歳になってからはバッタリと出足がにぶり「使いすぎで大分、体も弱っているから、そろそろ引退させた方がいいんじゃないか」と言われたものだった。だが、七歳でも十一戦して全敗。八歳でも夏までいいところがなかった。八歳の夏、突然に七夕賞で勝って、「さすが、くさっても鯛」と騒がれたが、結局、十戦して一勝しただけ、秋には新潟記念、スプリンターズ・ステークス、オールカマーと三戦して、いずれもビリというみじめな成績に終わっている。まもなく、スイジンが種牡馬(しゅぼば)試験に落第したという噂が流れたが、その後スイジンの姿をみた者は誰もいなかった。

そして、空っ風の正月の上山で、再会したときスイジンは十歳で、イワヌマホープと姿をかえて、まだ走っていたのである。私はイワヌマホープの単勝を一万円買ってスッた挙句、訪ねていったスミ江をさがしだすこともできず、一人、夜行列車で帰ってきた。

四月、もう一度上山を訪ねたとき、イワヌマホープは、もういなかった、聞くと「岩手の水沢へ売られていってまだ走っているそうですよ」と、予想屋の親父が教えてくれた。「所属は佐々木廏舎だそうです」
「えっ、まだ走っているのか?」と私は絶句した。そして、そのスイジンと、とうとう姿をみせないスミ江のいじらしさとが二重写しになって、思わず胸があつくなってくるのだった。

つくすだけつくして捨てられる
おうまの運命
この世には　不幸なお馬には……

その後、スイジンは千葉の富里(とみさと)にある北村牧場にひきとられ、種牡馬生活を送っている。現在十三歳で、近くキタヒメという馬がスイジンの仔を産むことになっている。ほかにも、同牧場にはスイジンの種をうけた牝馬が何頭かおり、余生はしあわせである。だが、スミ江さんの方は、去年の暮、病気で死んだという便りをうけとった。差し出し人は、私の知らない男名前で「故人の依頼で、お知らせする次第です」とつけ加えてあったのが印象的だった。

ナスノオーカン

「何の肉かわかるかい？」と言われてみたが、テーブルの上にあるのはごくありふれたコンビーフの罐（かん）であった。

「コンビーフっていうんだから、牛だろう」と言うと、トラック野郎の石橋は首をふった。

「よく見ろよ。ホラ、馬肉って表示してあるじゃないか」

なるほど、ラベルの片隅に馬肉と印刷してあった。

「この表示があるのは、馬なんだ」と石橋はどぶろくで赤くなった鼻を近づけて、わけ知り顔で言う。「馬といったって、ただの馬じゃない。サラブレッドのことなのさ」

網走の海岸沿いに並んだ、赤ちょうちんののれんの中には、地獄の釜のように、もうもうと湯気が立ちのぼっていた。ああ、こんな地の果てで、コンビーフの罐につめられたサラブレッドと再会するとは……。

ナスノオーカンが殺されて、食用肉にされた、と聞いたのは、つい最近のことである。オンリーフォアライフとサクラの子で、名血とさわがれ、新馬戦で一番人気で勝ち、二戦目もオープンを楽勝し、大器のほまれ高かった馬だけに、誰もが「まさか……」と思うかも知れない。

実際、三歳時のナスノオーカンの活躍ぶりは、五百キロの巨体と、黒鹿毛のたて髪で、「もしかしたら、ダービー馬に」とまで、関係者たちを期待させたものである。

ところが、朝日杯六着、京成杯をビリで敗れて、「どこか故障でもしたのではないか」と心配された。それでもダービーは二十四番人気で、五着に入賞。直線一気の足は、まさに疾風怒濤のような迫力だったのである。

兄のアマノガワも強い馬だったが、ナスノオーカンはもしかしたら兄以上になれるかも知れない、と評価された、しかし、その後脚部不安で休養が多くなり、二年五カ月のあいだ一勝もできぬまま六歳になった。

六歳で、低条件を二勝した頃は、相手もスズリュウマやリュウラップで、かつての敵だったハイセイコーやタケホープとは数段格下になっていたが、それを土産に地方の高崎競馬へと売られていった。だが、高崎でも四度走って、四度とも勝つことができなかったのである。

その頃、高崎までナスノオーカンを訪ねて行ったファンの話では、「うす暗い馬房の前で、足が丸太のようにはれあがっていた」というから、悲惨な転落ぶりだったのだろう。

ファン（いななき会）の人が二度目に訪ねたときに、すでに馬房はからっぽになっており、調教師は「馬主が連れていった」と言い、馬主は「知りあいのものに、くれてやった」と言っていたが、実際は去年の四月に、殺されてしまっていたのだった。

高崎の木村甚太郎調教師に電話すると、「ああ、あの馬はツブしちゃったんですよ」という返事がかえってきた。「ケイジン帯炎という病気で、まったくダメでしたね。それで、わたしが馬主さんにあきらめなさい、と言って群馬県の屠殺場でツブしたんですよ」

サラブレッドは力がないので、農耕馬にはならない。走れなくなった牡は、ツブされるのが運命である。もっとも、肉は固くて、いわゆるサクラ鍋やサクラの刺し身にはならないと言われている。同じ馬肉でも、いい料理に使われるのは、中村扇雀のような女形風なポテッとした馬で、それははじめから食用馬として飼われるのだそうである。しかし、固い肉でも、サラミやコンビーフには歓迎される。そして、「馬肉」の扱いをうけて、知らぬまにビールのつまみにされていたりするのだ。

行方不明の名馬の末路は、たいていそんなものですよ。と、聞かされたのを、たった今、コンビーフの罐を見ながら思い出すと、急に寒さが身に沁みてきた。どこかの酒場から裕次郎の「赤いハンカチ」が聞こえてくる。

北国の春も逝く日
俺たちだけがしょんぼり見てた
遠い浮雲よ

ヤシマライデン

中島みゆきによく似たホステスがいる。酔っぱらうと、中島みゆきの真似をして、

そんな時代もあったねと
いつか話せる日がくるわ

と唄う。

山形に講演旅行に行ったときのことである。「あたし、むかしは渋谷のグランド東京にいたことがあるのよ」と、なつかしそうに私に話しかけてきた。「よそうよ、おれはあんまり昔話は好きじゃないんだ」と言うと、隣のホステスが、「でも、この子は昔、ミス十代に選ばれたことがあるんですってよ」と口ぞえしてくれた。だが、かつてミス十代だった少女が、いま山形の酒場で、酒に溺れて「もう五十すぎの婆さん」に見えるほど老けこんでいるのを見るのは、気分のいいものじゃなかった。だれからともなく、その白けた空気を替えるために、ウマの話となっていっ

た。

「何か、遊佐町の牧場に日本一の名馬がいるんですってよ」と、一人のホステスが言いだした。「もう十一歳になるらしいけど、いまでもファンがニンジンをもって面会にくるんですって」

「遊佐町に牧場があるなんて、聞いたことがないが……」と、私が言うと、客の一人が「そりゃ、乗馬クラブのことだろう」と教えてくれた。

「で、日本一の名馬というのは？」と訊くと、「さあ、そこまでは知らんが」という返事である。気まぐれも手伝って、あくる日、飽海郡遊佐町の庄内乗馬クラブまで、足をのばしてみると、話題の馬はヤシマライデンなのであった。

「なるほど、ヤシマライデンか」と私は思った。「いつも、実力は日本一と言われながら、人気を裏切りつづけた小柄な鹿毛馬」のことを思い出したからである。

　福島でデビューし、二戦目で新馬勝ち、三歳ステークスも連覇して一気に注目を集めた。しかし暮の朝日杯では一番人気になりながらオンワードガイの三着に敗れ、四歳になってから、弥生賞でも一番人気でメジロゲッコウの二着に敗れた。

　その頃から、ファンは負けるヤシマライデンの「次のレース」に執念のように自分を賭けつづけるようになった。皐月賞で、またまた「日本一」への期待を負って一番人気。そしてヒカルイマイの六着。もう、人気もなくなるだろうと言われながら、なぜかダービーでも予想外の三番人気となって、ヒカルイマイの十三着。

所詮、そこまでの実力でしかなかったのだ、と誰もが認めながら、京都新聞杯で惨敗のあと、またまた菊花賞で二番人気となったのである。もちろん、ダービー馬のヒカルイマイの欠場。関東からの遠征馬に、ほかに強いのがいなかったという事実。そしてセダンを父にもち、母方の父にパールダイヴァーの血を引いているということから、三千メートルならば、もしや、という期待もあったことだろう。

しかし、三月の弥生賞以来、負けつづけて一勝もできなかった馬を「日本一」と思いつづけて、菊花賞で二番人気にまで押しあげたファンの夢の重荷が、この馬をダメにしてしまったと言えなくもない。

五歳で金杯一番人気で惨敗、つづくダイヤモンドステークスも二番人気で三着、一勝もできぬまま六歳になって三戦三敗。それでも、「幻の日本一」ヤシマライデンは十九連敗したあとのダイヤモンドステークスで十二頭立ての四番人気（結果は十二着）で、骨折して、引退したのだった。その後、ヤシマライデンは高崎の草競馬へ売られていった。二十万円クラスだったという噂もあるが、そのへんのことはよくわからない。

「中央から、日本一の馬が売られてきた」とファンに喜ばれたが、骨折した左前足を浮かして歩いており、一目で跛とわかって「とても走れる状態ではなかった」という。

庄内乗馬クラブの阿曽さんの話では、「骨折が治って、さあ走らせようかというところで、病みあがりの馬を走らせるのはかわいそうだ、とファンに反対されたんですね」ということである。

引退して、乗馬になった十一歳のヤシマライデンには、とても「幻の日本一」の重荷に苦しんで、のめるように走っていた当時の面影はない。その、のんびりとした憩いのひとときには、まさに中島みゆきの唄がよく似合うのであった。

そんな時代もあったねと
いつか話せる日がくるわ

バンライ

ひとの一生かくれんぼ
あたしはいつも鬼ばかり

と日吉ミミが唄っていたのは、もう五年も前のことである。

その頃から逃げてかくれた一人の男を追いまわす「鬼」の女のように、たった一頭の馬の行方を追いつづけている一人のファンがいる。彼は中山の予想屋の角という名で、昭和四十六年の皐月賞で、バンライを本命に推したのである。

当時バンライは十四頭立ての十四番人気で「角の予想はヤケッパチだ」といわれたものだった。だが、レースは好位につけたバンライが直線ぎりぎりに粘って、惜しくもヒカルイマイに差されたが、二着で大穴をあけて大波乱となった。

四百九十キロか五百キロの大型の鹿毛馬で、父のチャイナロックにそっくりといわれ、一躍その名はクローズアップされたのである。

「もともと走る馬だったんだよ」と角さんは言った。「新馬、特別と連勝した馬は、たいてい大物になっているからね」

　実際、バンライには胸のすくレースがいくつかあった。暮れのカブトヤマ記念で、カツタイコウの二着したレース、五歳になってＡＪＣ杯で、メジロアサマを追いつめ、二着に惜敗したレース、そしてダイヤモンドステークスで、ハーバーローヤルと火の出るようなたたきあいの末、これを破って重賞勝ちしたレース。

「何しろ、バンライはオープン使って重賞をねらうというケチなことをしなかった。いつも一発勝負で、豪快なレースをしてくれた」と角さんが言うが、たしかに三歳でもオープンを使わず、新馬、特別、重賞。四歳でも、十一戦して、オープンは休養あけの一戦だけ。（あと一つ、五百万下条件が一つあるが）ほかはすべて、重賞レースなのである。

　そして五歳でも、重賞五連戦し、最後にオープンを使って三着し、一時休養しながら、そのまま姿を消してしまった。

「このつぎは、天皇賞の一発さ！」と言っていた角さんは、それから三年後にバンライが岩見沢の草競馬で走っていると聞き、北海道まで訪ねていったが、そのときはすでに、売りとばされてしまったあとだった。

　岩見沢の広漠としたコースを見て、「まさか、こんなところでバンライが……」と思った角さんが、地方競馬の記録を調べてみると、たしかにバンライは、五十年九月六日、千九百メートル十頭立てのレースに出走し、十着している。(だが千九百メートルで二分六秒九というタイムは、カブトヤマ記念で二千メートルを二分二秒二で走った馬の記録とは思えないものである)

それにしても、バンライをこんな地の果てで走らせたものは、何だったのだろうか?

「エビハラだったんですね。競走馬としては、致命傷ですよ。うちへ来た頃は、再発して、もう走れない状態だったんです。それに、しんぼうのない馬、という印象でしたね」と、岩見沢の調教師の佐藤さんは言った。

「で、その後、バンライは?」と訊くと、「馬主の居城さんが、種馬にするといって持っていきましたよ」という返事だった。

角さんは、居城さんをさがし出し、その後のバンライの消息を訊いてみた。

「ああ、あの馬はね、幕別(まくべつ)牧場の土井さんにあげましたよ。種馬にできなかったので、畜産大学の乗馬クラブにあげたんじゃないですか」ということである。

だが、この居城さんの話は事実ではなかった。幕別牧場の土井さんの話では、「わたしのところにいたのは、五十年の春でした。治療にきただけです」というのだから、その後(五十年の九月)バンライは岩見沢で走ったことになるのである。

さらに、帯広畜産大学の馬術部を訪ねた角さんを待っていたのは、「そんな馬は、知りませんね。大体、四十三年生まれのサラブレッドなんて、うちにはいませんよ」（馬術部の田村さん）という返事だった。

では、バンライは一体どこへ行ってしまったのか?

風の噂では、「もう、とっくに殺された」というのだが、角さんはそれを信じない。「いまに、きっとどこかで種馬になって、その仔にダービーをとらせるのさ」と思っているのである。

逃げてかくれたあの人は
いまじゃ子もある妻もある

というミミの唄を聞きながら、角さんは悄然（しょうぜん）と、岩見沢の駅から帰りの汽車に乗った。二月、小雪のちらつく朝であった。

ユリシーズ

見知らぬ女から一通の手紙が届いた。封を切ると、きれいなペン字で、「昨日、千葉のマザー牧場へ行って、一頭の老馬に逢ってきました」と、書いてあった。

「聞くと、その馬はユリシーズという名でした。ユリシーズは今も元気で、子供たちのための乗馬として、みんなに可愛がられておりますから、御安心下さい、と牧場の方が言っておりました」

私はその手紙を読んで、むかし別れた女の消息を聞くような、てれくささと懐かしさで胸が一杯になってきた。ユリシーズ！　それは私にとって忘れられない馬の名だったのである。


——話は、数年前の冬の新宿の酒場にさかのぼる。私は、そこで船橋の調教師の森さんと会っていた。

森さんと私とは初対面だった。森さんは、私が競馬について書くエッセイが、いつも中央競馬中心である、ということを手紙で論難してきたのだった。「あなたは、中央競馬中心に競馬を考えているが、そうした中央集権的な発想は、競馬ファンの反俗性からもっとも遠いものではないか」と、いうのが森さんの言い分だった。

「あなたが草競馬といって差別する、われわれ地方競馬からも、タカマガハラやオンスロート、オパールオーキットなどのように中央競馬を荒らしまくった強い馬がいた」し、設備も次第に近代化しつつある地方競馬を、ただの偏見から、いかにもみすぼらしいもののように書くのは問題だ、というのである。たしか、ミオソチスの地方落ちを感傷的に書いた私のエッセイの、「あの美しい馬が、流れの旅路の果てに、あばら家のような草競馬の廏舎で余生をすごすのを見るのはつらい」というくだりが森さんにカチンときたのだろう。

人に好かれていい子になって
落ちてゆくときゃ　ひとりじゃないか

という唄の文句を引用したのに対し、「落ちてゆく」というのは、ひどいではないか、と森さんは言った。

私たちは酒場で会い、私は森さんの言い分がもっともであると認め、それからレースの最中に発情して、牝馬にのりかかっていった草競馬のツワモノの話などを聞いて別れた。空っ風の吹く、二月のある日だった。

それから半年ほどして、また森さんから便りがあった。そこには「すごく安く手に入る馬があるので、馬主になりませんか」と書いてあった。「条件は一つです。その馬を、決して中央ではなく地方競馬で走らせるということです」

こうして、私は生まれてはじめて馬主（それも、地方競馬の馬主）になったのである。私は、自分が「馬主」である、ということにただただ興奮していた。そのことは、競馬をはじめてから十年来の夢だったからである。

ユリシーズという名は、ジェームス・ジョイスの小説から採った。父は、マサタカラで（セルローズとからんで、万馬券をとらしてもらった思い出の馬でもあった）、母はベッシュンである。ベッシュンは、ベッシーと血がつながっていたので、ユリシーズはダービー馬アサデンコウとも、血がつながっていたのだ。ユリシーズは、四歳で（昭和四十三年だから、もう十年以上も前になる）デビューし、人気になったが逃げてバテた。

しかし、三戦目の船橋で勝って、私をよろこばせてくれた。私はニンジンを持って、船橋へ出かけてゆくことが多くなり、しだいに地方競馬の素朴さにも魅かれるようになっていった。ユリシーズは逃げ馬だったが、コーナーワークが下手で、「うまくカーブを切れない」という難点があった。

「なあに、おれの馬は曲ったことがきらいなのさ」と、私はうそぶいていたが、三勝までトントンといったあとスランプになって、十戦ほど立てつづけに負けた。しかし、馬主になってみれば、勝ち負けだけが競馬のたのしみ、というわけではない。予想紙にユリシーズと印刷されてあるだけでも、私は何かが胸につきあげてくるような感じをおぼえたのである。

ある日、「おれは、馬主になったよ」と言うと、いきつけの酒場の直美という女が「馬は、そのこと知ってるの？」と訊いた。

そのとき、私は「当然さ、おれが行くとシッポをふるもの」と言ったが、内心ドキリとしたのである。馬がほんとうになついているのは、廏務員や、調教師であって馬主ではない。馬主は、ただのスポンサーにすぎないのだ、ということに気がついたからである。

それから、私は「馬主」ということばを強調するのが恥ずかしくなってやめた。ユリシーズは、連敗のあと浦和で特別を勝って、私と森さんに乾杯させてくれたこともある。そして、年とって走れなくなり、引退した。

「草競馬で走らせるか、馬肉にするか、それとも遊園地に寄付するか」と訊かれて、私は迷わず三番目の寄付をえらんだ。それが、名ばかりの「馬主」にできた、たった一つのユリシーズへの思いやりだったからである。

ユリシーズは、ことし十四歳になる。まだ元気で生きているというなら、ぜひ逢いにいってみよう。私は、森田公一の唄が思わず口をついて出てきて、一足早く春がきたような気分になったのだった。

過ぎてしまえばみな美しい
過ぎてしまえばみな美しい

ソロナオール

テンポイントの死が、日本中の新聞を賑わせている。

酒場でも、バーテンの万田が「自然死だそうだ」と言うと、常連客の陽ちゃんが「安楽死さ」と言いかえす。「テンポイントが苦しむのを、見るに見かねて、関係者が注射を打ったのさ。世論をおそれて、自然死と発表しただけだと思うよ」

勝手な推理がポンポンととび出すが、テンポイントを生かすために、関係者が死力をつくした、ということだけは、誰も異論をさしはさむ者はいない。馬主は「テンポイントの余生を安楽に過ごさせるために、一億円を準備していた」という噂まである。もう走ることも、種牡馬生活もできなかったというのに、しあわせな馬である。

「テンポイント、ついに死す」というスポーツ紙の一面のトップ記事をポケットにねじこみ、吉川さんは空っ風の吹く東北の小駅に立っていた。吉川さんは、ソロナオールの行方をたずねてきたのである。テンポイントのことは誰でも話題にしたがるが、ソロナオールのことなどもう覚えているファンも少ないだろう。

ソロナオールは四百キロそこそこの小柄な馬だったが、父のフェリオールに似て、やや首長の少年タイプの馬だった。はじめてソロナオールを見たとき、吉川さんは「牝馬だ」と思ったほど小ぎれいな馬で、その印象は忘れることができない。昭和四十六年、二年間のサナトリウム生活を終えてシャバにでてきた吉川さんが、生まれてはじめて買った馬券が、あきはぎ賞のソロナオールの単勝だった。

ソロナオールは、逃げるトーヨーアサヒから大きく離れて後方をすすみ、短い中山の直線であっさりと差し切って勝った。つづく白菊ステークスでは、当時ダービー候補の噂の高かったトモエオーらと走り、五番人気から一気に追いこんで、わずかに足りずトモエオーの二着した。

フェリオールの仔なのに、ソロナという名がついているのは、おそらく馬主が父のフェリオールよりも、祖父のソロナウェーの血に大きな期待をかけたからかも知れない。実際、フェリオールの仔の牝馬はよく走ったが、牡馬で走ったのは稀だった。だが、一瞬の切れ味、体型はフェリオールそのもので、私は社台(しゃだい)牧場で見たフェリオールの再来かと思ったほどだった。

夏場を故障で休んだソロナオールは、秋にカムバックして、菊花賞で十番人気で直線あざやかにゴボウ抜きして、イシノヒカルの三着。余勢をかって有馬記念にも後方殿(しんが)りからいって、直線だけで見事三着した。

四歳馬で、有馬記念三着の成績は、古馬になってからの活躍に大きな期待をもたせたが、脚部不安で一年三カ月の休養を余儀なくされ、結局、上がり三十四秒台の走る力を秘めたまま七歳でカムバックしたが、すでに老いていた。カムバックしてからは三連敗。一着五回、二着五回、三着七回、着外七回という成績はかなりのものだったが、盛岡に売られていった。

最後に走っていたといわれる水沢の佐々木厩舎に吉川さんが電話すると、馬の世話をしている吉田弥生さんが「三重県で競馬やってる多湖さんがもっていきましたよ」と教えてくれた。

「じゃ、今からそちらへうかがってもソロナオールには逢えないのですね」と、駅の公衆電話から吉川さんが訊くと「もう、どこへ行っても逢えないと思います。きっと、つぶしちゃって、肉になってるんじゃないですか?」という返事だ。「エビだったし、足はハレてて使いものにならなかったですからね」

盛岡と水沢でソロナオールの世話をした大和正四郎さんは「体が小さくとも、バネのきいた馬でしたね」と言った。

根性のある馬で、故障してても強かったですね。この岩手でも二百七十万以上の賞金をかせぎましたからね。はじめは、しまいから追い込みましたが、相手が弱いせいか、先にいくようになりました。

「いま、どうしてると思いますか?」

「つぶされたんでしょうね」

「肉になってしまったんですか？」

「血統的にもたいしたことがないし、足を痛めてレースできないとなると、仕方ないでしょうね。気の毒だと思いますがね」

いま頃どうしているのやら
同じ夕陽を見た二人

という唄を聞いたことがある。

同じサラブレッドに生まれながら、一頭は故郷の牧場で盛大な葬式をあげてもらい、もう一頭はつぶされて、ソーセージになってしまい、忘れられてしまうのだ。ソロナオール、合掌！と、吉川さんは胸の中で手をあわせないわけにはいかなかった。
＊しばらくして横浜市の八東三千子さんから、行方知れずのソロナオールは現在、栃木県下都賀郡の三鴨トレーニングセンターに放牧されているという連絡があった。吉川さんはひどく喜んで会社から休暇をもらって栃木まで出かけていった。しかし、そのときは手おくれでもうソロナオールは伝貧で死んだあとだったのである。

タクマオー

「ガシャン！　スタートが切られると大外ワクから出ムチを使ってタクマオーが先頭に立った。向こう正面で他馬を五馬身離して華麗な逃げ足を伸ばした。（中略）タクマオーは砂深いダートの二千百メートルで六十四キロを背負いながら二着の好走であった。かつて福島の地で福島大賞典を連覇し、毎日王冠ではストロングエイトらを迎えた輝やかしい栄光の日々を汚すものではない。タクマオーは依然健在である」

南国高知の草競馬を観戦したファンの須藤明さんの投書がのったのが「競馬報知」の五十年六月十九日号である。

それまでタクマオーは種牡馬になったとばかり思っていた私は、「おや」と思ってしまった。もともと脚部不安のあった馬で、引退するときの発表は「種牡馬にする」ということだったからである。

小畑元子さん（岩田久子さんと二人で、スイジンの馬主になった人）も、私と同じようにおどろいて、すぐに須藤明さんに手紙を書いたという。

「青森生まれのタクマオーが、生まれ故郷を遠くはなれた南国の地で、老いて走りつづけているのはかわいそうだと思った」のだ。「それに、脚元をかばいながら重ハンデを背負って砂深いダートを走っていたら、いつか故障するのではないか」という心配もあった、という。

そして、まもなくその危惧は的中した。

あくる五十一年五月、タクマオーはレース中に左前球節を痛めて、殺処分にされたのである。それまでタクマオーは、二着を四回つづけたあと四連勝しているから、弾丸のようなスピードは、まだまだ衰えていなかった、ということになる。もっとも、相手が、中央時代のウエスタンヒル、ゼンマツ、ジンデン、オンワードガイ、イシノヒカルといった強豪ではなく、草競馬の馬ばっかりだったので足を痛めていても勝てたのだ、という見方もある。

小畑さんは言う。「いまはよくなりましたが、タクマオーが売られた頃は、〝高知へやるなら殺した方がいい〟というくらいのひどい競馬場でしたからね」

それだけに、かつての中央での重賞勝ち馬が高知で走っている、というのを聞いて、胸を痛めたファンも少なくないだろう。荻窪に住んでいる岩田美千代さんもその一人で、五十一年の正月に京ニンジンをもって、わざわざ高知の競馬場まで会いに行った。

「うらぶれた競馬場でしたね。真ん中に池があるんですが、池というより泥沼という感じで、馬場も泥んこで、いかにもさいはての競馬場という感じでした。タクマオーは、その頃から慢性球節炎で、緑のバンデージを前足にまいてました。人なつこくて、わたしのもっていった京ニンジンを、とてもうれしがって食べました。レースで走ったあとは、必ずビッコをひくと廏舎の奥さんは言ってましたけど、その時は元気そうでした。十歳まで走れば、種牡馬試験を受け、種牡馬にする。落ちても乗馬クラブにいける、と奥さんが言ってたので、ああまだ一年以上走るのか、とちょっとかわいそうになりました」という。

死んだのが、九歳の夏だから、あと半年走っていれば……という思いもひとしおだろう。だが、どっちにしても足を病む馬を「死ぬまで走らせた」という印象はまぬがれない。

小畑さんは言う。「高知では、いまでも薬殺じゃなく、銃殺すると聞いて、ほんとに胸が痛みました。近くのスナックに何人かで集まってお通夜をしたと聞きました。わたしも岩田さんと二人で一万円ずつ香典を送りました」

テンポイントの香典は三百万円集まった、といわれている。同じサラブレッドでも(しかも有馬記念までえらばれた名馬でも)晩年がこんなに違う、というのはよそう。一方には、競走馬はペットではなく、利益追求の手段である、という論理もあるのである。人は生きるためには、平気で牛や豚や(そして馬までも)食うのだ。だが、その競走馬に馬券代を支払うファンには、そのことを感傷する権利もあり、馬と自らとの関係のなかに失われたアイデンティティを見い出そうとする、もう一つの論理もあるのである。

いったい、われわれにとって「走るサラブレッド」とは何なのか？ その一頭が背負っているのは、ほとんど呪術的ともいうべきものであり、もはや単なる馬主資本の具にとどまるものではない。故郷喪失した現代人たちにとって、走りながら死んでいく馬は、甲斐なく働いて死んでいく自らにとってかわりつつさえあるように思われてくるのだった。

タマホープ

子供の頃に見た『舞踏会の手帖』という映画のことをときどき思いだす。それは、マリー・ベルの演じるクリスチーヌという中年女が、少女時代のはじめての舞踏会で、じぶんと踊ってくれた男を二十年ぶりかに一人ずつ訪ねてまわる、というストーリーであった。だが、かつてクリスチーヌの相手をした男たちのある者は自殺し、ある者はキャバレーのやくざな支配人になっており、そしてある者はアルコール中毒になって、クリスチーヌのことなどすっかり忘れてしまっているのだった。

「夢は、見てるときだけたのしければいいのね」とクリスチーヌは呟いた。「思い出すことによって、人生はわたしの持ち物を変えてしまいましたわ」と。

ダイハードの魅力にひかれて、その産駒（さんく）の引退後を訪ねてまわっている田宮隆一さんの話を聞いているうちに、私はなぜか『舞踏会の手帖』のことが思いだされてならなかった。

「ダイハードの仔は、切れ味があってオールラウンドに走る馬なんだけど、なぜか大レースに勝てないんです。四十九年ダービーのインターグッドは、あと一息のところでコーネルランサーに鼻差で負けたし、七戦全勝のキタノダイオーも、クラシックでは故障で〝幻の名馬〟のままで終わってしまいました。それだけにタマホープに寄せた期待は大きかったのですが、結局、菊花賞ではダテンリュウに負けて二着だったんですね」

昭和五十年、田宮さんは引退後のタマホープを訪ねて宮崎大学へ行った。同大学の馬術部にタマホープがいるという噂を聞いたからである。

その日は朝から雨だった。田宮さんは、かつて「ガラスの馬」といわれたタマホープのことをあれこれ思いながら門をくぐった。しかし、ようやくたずねあてた馬房は空っぽだったのである。馬房にはまだ、タマホープの名札が出ていた。しかし、一房のたてがみが柱に留められてあるだけで、タマホープはすでに十五万円で鹿児島に売られたあとだった。

「せめてもの救いは……」と田宮さんは語った。「宮崎大学では、乗馬として三年間みんなに可愛がられていた、と聞いたことでした、ぼくは、たてがみを少しわけてもらって帰ってきたのです」

タマホープは十九戦して八勝した馬だったが、その切れ味はすばらしいものだった。京都杯でアローエクスプレスをあざやかに差して勝ち、鳴尾記念ではケイタカシ、ダテテンリュウを大外から一気に差して勝った。菊花賞では、ダテテンリュウにこそ敗れたが見事に二着したし、オープンではあのトウメイにも勝っている。「ダイハードの代表産駒なので、当然種牡馬になると思っていた」が、天皇賞で人気を裏切ってドン尻に敗れ、（オウジャ落馬、コンチネンタル、キクノハッピー競走中止）それきり姿を消した。

さて、宮崎大学から鹿児島へ売られたタマホープはどうしているか？　田宮さんは鹿児島の隼人町という小さな町にタマホープを買った家畜商の植之原さんをさがしだした。

タマホープは元気だった。ただ、競馬場時代をダービー馬ロングエースの馬房で過ごしたことを思うと、「まるで別の馬」のようにやつれていた。

ぴかぴか光っていた皮膚もツヤが失せ、馬房も寝藁がないため泥土の上にじかに寝なければならないのだった。額についている傷も気になった。まだ売られてきて一カ月位ということだったが、田宮さんがタマホープが重賞勝馬だということを説明し、京都杯や鳴尾記念の勝ちっぷりを話すと植之原さんはおどろいて、「それほどの名馬なら大切にしなくっちゃ」と言ってくれた。

しかし、「春先には草競馬に使います。必ず立派に走らせてみせますよ」ということばは田宮さんに空しくひびいた。「角砂糖でも買って食べさしてやってください」

と、少しばかりのお金をおいて田宮さんは帰ってきた。

「実際、植之原さんは大切にしてくれたようです。草競馬も、一回使っただけでした。ただその一回のレースで足を痛めてしまった。たぶん、最後の天皇賞で痛めた左のトモの故障（左前球節炎）が再発したのでしょう。二、三カ月養生させたけど処分した、という連絡がありました。たてがみをとってあるので、いつかとりに来て下さい、ということでした。五十一年の五月か六月に死んだのです」田宮さんがタマホープのたてがみを受けとりに、もう一度鹿児島へ行ったかどうかまでは聞かなかった。

北海道の静内（しずない）で生まれ、南の果ての鹿児島で死んだ馬。その死は、緑の地平線にやわらかくつつまれて、人々の回顧の中に今日も生きている。タマホープの冥福を祈ることにしよう。

スイノオーザ

見知らぬ女性から一通の手紙が届いた。それは、スイノオーザの行方をたずねた一人の女性によって書かれたものであった。

「九歳の暮れまで脚部に不安をもったまま、ダートを蹴っているスイノオーザを見るに見かねて引き取りの交渉をつづけましたが、馬主は出走年齢が切れると業者に売りとばしてしまったのです」

そこで、その女性、米山さんと知人たちは、売りとばされた先の仙台から三十分の小さな町まで、業者を訪ねたが、もはや業者はスイノオーザを売りとばしてしまったあとだった。

流れの流れの浮草の
身の上ばなしをきかせてね

赤ちょうちんの屋台で、酔っぱらったトラック野郎が口から出まかせを唄っていた。

かつてタニノムーティエとデビュー戦で壮烈な一騎打ちを演じ（函館四十四年）、四歳の秋にはスプリンターズステークスでタマミの二着、カブトヤマ記念ではトレンタムの二着、オールカマーではマキノホープの二着と、直線で一気に追い込んで「惜しくも敗れる」というのがスイノオーザのレースぶりの特色であった。それでも、クモハタ記念ではハーバーゲイム以下を差し切って勝った。四百キロから四百三十キロの小柄な黒鹿毛だったが、ダイハードの仔らしい斬れ味で多くのファンをもっていたのである。

米山さんの手紙はつづく。

「仙台でやっとみつけたスイノオーザは、名取橋の下の倉庫のようなうらぶれた馬房で、ほとんど栄養失調で、やせおとろえていました」

話に聞くと、馬主は「事情あって、スイノオーザをおきざりにしたまま姿をくらましてしまったのです」

裸電球一つない暗闇の中に「捨てられた」スイノオーザの末路は、悲惨なものだった、と米山さんは書いている。米山さんたちは、スイノオーザに食わしてやって下さい、とカイバ料を送ったが、それが口に入るまもなく、再び訪れたときにはスイノオーザは、また「馬房から姿を消してしまっていた」のだった。

その後、スイノオーザは琵琶湖乗馬クラブ（大津）で発見されたが、腰があまくなって、馬運車からおりるときにはよろめく、というほどの衰弱ぶりであった。米山さんたちは、そのスイノオーザを三十万で買いとり「腹をベルトで吊り、乾草をまわりにつめて」輸送した、という。

だが、「走れなくなってしまったサラブレッドの老後」は、どのように生きるのがいちばん、しあわせなのだろう。感傷を離れて、馬の気持で老惨のサラブレッドについて書こうとすると、いつも問題になるのは、「馬も、しあわせをもとめているのか？」ということと「馬のしあわせとは何か？」ということである。

米山さんたちは、スイノオーザを茨城の牧場にあずけたが、発病し、その治療費はどんどんかさんでいった。米山さんの知人たち（「いななき会」の会員たち）は、二人ずつ泊まりこみで看病にいって、マッサージとシップをくりかえしたが、スイノオーザは日、一日とやせ細っていった。米山さんは「こちらの頼みを何一つきき入れてくれない牧場」をあきらめて、他の牧場へとスイノオーザを移した、と書いている。おそらく、米山さんたちの一頭によせる感傷と、牧場側の「数ある馬の中の、たかだか一頭」の扱いとのあいだに考え方の違いがあったのであろう。それでも、牧場を変えるとスイノオーザは少しずつ恢復し、カイバを食べるようになり、「マヒした脚で、ハエを追うようになった」という。

その頃、三歳から八歳までスイノオーザの面倒を見たという廏務員（なぜか、米山さんは名前を書いていなかったが）から、米山さんに「オーザのお礼と、オーザの賞金で買った土地を提供したいので、そこでゆっくり疲れをとってやったらどうか」という手紙が来た、という。私は、廏務員が、馬の賞金で土地を買えるほど豊かなものかどうかは知らないが、ともかくこの美談はスイノオーザの面倒を見つづけてきた米山さんを感動させたことだけは、たしからしい。しかし、「ゆっくり疲れをとる」前に、スイノオーザは死んでしまった。心臓マヒであった。

私は米山さんの手紙を読みながら、これほどまでにサラブレッドの末路に心をよせる人々（岩田さんたちもふくめて）のことを思った。それは案外、サラブレッドに託して自らを語っているのかも知れない。労働力を、平気で「使い捨て」てゆく現代の社会に、とりのこされてゆく老人たちが、心の片隅に求めているものは、「かつて走ったスイノオーザを大切にいたわってほしい」ということを通して、「かつて生きてきた私たちの老後をも、忘れないでほしい」という訴えを、切々とにじませているからである。牛の肉を平気で食べる私たちが、馬の老後にだけ寄せる感傷は、必ず自らの問題としてはね返ってくるだろう。

その意味で、「サラブレッドの旅路の果て」は、そのまま人間社会の「旅路の果て」を物語っていると言えるかも知れない。

ダイセンプー

太宰治の小説に、

海を越え山を越え、母を捜して三千里歩いて、
行き着いた国の果の砂丘の上に
華麗なお神楽が催されていた

という一節がある。

「年老(と)った馬が、みじめな死に方をしたという話は、暗くていけないね」とスシ屋の政が言った。「何とか、老後をたのしく過ごしている、という馬はいないもんだろうか？」

「そりゃいるだろうさ。ハイセイコーや、タケホープを見てみろよ」と私は言った。

「毎日、うまいものを食って、一年中〝女を抱いて〟暮せるんだ」

「種牡馬以外には？」とスシ屋の政が言った。「中堅クラスで活躍した牡馬や、子供

のできない体の牝馬のことを言っているんだ」

それから二、三日して、こんどは政の方から、「おい、ダイセンプーをおぼえてるかい？」と言ってきた。「忘れるわけはないだろう、重賞（京王杯ＳＨ）勝ちした馬じゃないか」と私は言った。

昭和四十七年に休養あがりで出走し、十番人気でいきなり特別を勝って穴をあけ、つづく目黒記念の不良馬場にジョセツの三着をしたときは、フロックだと言われたものだった。だが、そのあとの京王杯ＳＨで私はダイセンプーの馬券を買ったのである。

当時、私の生活はやや荒れぎみで、馬券ももっぱら穴狙いばかりだった。競馬場でオッズを見上げると、ダイセンプーは八番人気である。配当も、確実に十倍以上はつくので、「金を捨てるつもりで」買ってみよう、と思ったのである。

実際、三歳時に二勝しただけでその後、脚部難で一年近く欠場し、カムバックしたときにはもうダービーも終わって、秋。それから、四戦して、また全敗。

当時の賞金は今にくらべて安かったが、四百万下の条件で低迷していた馬が、また三カ月休養して出てきて、たとえ一勝したからといって、いきなり重賞レースに勝つことはあるまい、というのが大方の予想だった。だが、私はじぶんが十代の終りから三年半も入院して「人生を休場」したためか、青春時代を棒にふった馬が、なぜか好きなのであった。

それともう一つ、この馬が三月二十五日生まれだということが、私の心をとらえた。私と三年間同棲して、去っていった女も、三月二十五日生まれで、一緒にいるときには誕生日に何も買ってやれなかった心残りが、そのきっかけになったのかも知れない。レースは快晴の五月三日におこなわれ、まさかと思われたダイセンプーが直線で抜けだしてシンデン以下を破って「大穴」になった。

私はこの馬券をしばらく換金せずに持ち歩くほど、うれしがったものだった。しかし、その後ダイセンプーはアルゼンチンジョッキークラブカップ、日経賞と敗れ、安田記念では一番人気になって惨敗、その後も毎日王冠、オールカマー、クモハタ記念と惨敗つづきでオープンから落ちてしまった。

「もう、脚がガタガタなんだよ」という噂もあったが、八歳まで中央で走り、その後は、使役馬として売られてゆき、おきまりの「行方不明」となっていた。

もうすっかり忘れていたら、去年の青森国体に障害で十歳で元気な姿を見せた、と聞いてうれしくなってしまった。たぶん、八歳から十歳までには、きびしいサラブレッドの中年の流転があったのだろうが、ここではその詮索をやめよう。ともかく、たしかなことは、山形県の庄内の乗馬クラブで、のんびりと老後をすごしている、ということである。

「ダイセンプーどころかそよ風のような毎日だそうだよ」とスシ屋の政が言った。

「ただ、気の毒なことは、去勢されたことだそうだ」

「去勢！」と私がびっくりして聞くと、政は「発情期になると、すごく暴れて、とても乗馬できるようなものじゃなかったそうだ」と言った。

それはそうだろう。老後になるまで童貞で人間に奉仕しつづけて、挙句の果てに、去勢されるのでは泣くにも泣けまい。せめて、去勢する前に一回位、好きな馬を抱かせてやりたかったもんだなあ、と私が言うと、スシ屋の政が「未経験のままでいる方が、よっぽどいいよ。おれを見ろよ。知ったばかりに身の破滅だ」と言って大笑いするのだった。

カブトシロー

私は「ドストエフスキー論」も「シェークスピア論」も書いたことがないが、「カブトシロー論」というのは書いたことがある。

カブトシローという馬は、私にとってドストエフスキーやシェークスピアよりも、はるかに「文学」的で、書く気を起こさせる馬だったのである。実際カブトシローは日本競馬史上、「死神」的な存在として、その呪術的な半生は、ファンにとっては忘れたくとも、忘れることのできぬものであった。おそらく、カブトシローのたたりで破滅したファンや騎手は数えきれぬ数にのぼるだろう。万馬券、落馬、八百長事件と、カブトシローのあらわれるところにはいつも事件があった。

アラブのように小柄で目立たない馬だったが、色はまっ黒で、文字通りのダークホース。そして、内ぴったりに追い込んできてスタンドをアッといわせるのが好きな馬なのだった。カブトシローは三歳の夏にデビューして十戦一勝。四歳になってからもいいところがなく、条件レースで十五頭立て十着。つづいて落馬のあと、たちばな賞という特別レースへ出走し、どん底の不人気で逃げ切り勝ちして穴となった。このレースが有名な八百長レース「山岡事件」だったのである。

カブトシローに乗っていた山岡は、その後中沢、関口薫らとともに「永久追放」にされて競馬場から去っていった。有馬記念を勝って日本一の栄誉に輝いたカブトシローと、追放されて競馬場を去ったその騎手、両者の運命を分けたものは一体何だったのであろうか?

カブトシローは、私と同郷の青森生まれである。血統的にはオーロイとパレーカブトの仔ということになっているが、中には「今にして思えば、あれはオーロイの仔ではなかった」と陰口をたたく者もいる。実際、オーロイの仔では、カブトシロー以外に目立った馬は一頭もいなかったのである。

母のパレーカブトは盲目の馬の子で、カブトシロー自身もそのデビュー戦で八頭立ての八番人気、単勝がわずか五十九枚しか売れないという「期待されざるデビューをした馬」であった。そのカブトシローが、どうして天皇賞や有馬記念を楽勝するような日本一の名馬になったか、しかも、勝つたびに好配当になったか、ということは謎である。私に言えることはカブトシローがつねにじぶんの人気を裏切りつづけたということと、「名脇役」ではあったが、名主役ではなかった、ということくらいのものである。

私はカブトシローを映画『旅路の果て』の中の老優にたとえると、ミシェル・シモンの演じたキャブリサードという役だったと思っている。一生スタンド・インですごした俳優が養老院に入り、名優の名台詞をほとんど暗記しながら、一度も晴れの舞台に立ったことのない男……彼の口ぐせは「罪なきキャブリサードは、自分の部屋から出たりしない」というのであった。

そのキャブリサードが生涯にたった一度だけ、「主役」のチャンスにめぐりあう。それは養老院の発表会の主役である。しかし、いともたやすい役どころだったにもかかわらず、キャブリサードは台詞を忘れて絶句して、大失態を演じてしまうのである。

カブトシローは、ステイヤーズステークスで一番人気になり、「主役」をわりあてられて惨敗し、目黒記念でも、楽勝できる相手に負けて一番人気を裏切って、スタンド中の罵声をあびた。しかし、脇役にもどるとたちまちお得意の内一気の追い込みをきめて大レースを勝ってみせた。「罪なきキャブリサード」どころか、まったく罪作りな馬で、それだけにその個性は、波瀾万丈の生涯とともに忘れ得ぬものとして人々に記憶されつづけてきたのである。

血統的にはまったく軽視されていたカブトシローだったが、天皇賞、有馬記念、カブトヤマ記念などを勝ったので中央競馬会でもお義理でも「種牡馬として買い上げなければならなくなり」九州へ配転させられた。九州の種牡馬というのは、たいてい、軽視されていると見てよく、種付け料も七万円という安さだった。このまま、二流の種牡馬として「旅路の果て」でおとなしく余生をすごすのかと思われていたが、ゴールドイーグルという産駒を出して、突然、話題の種牡馬となった。

ゴールドイーグルは公営でデビューし、大井競馬で中央競馬招待競走に出走、中央の人気馬を相手にあっさりレコード勝ちして、カブトシローの血の反俗性をまざまざと見せつけてくれた。種牡馬になっても、「脇役」として主役を食ってみせる得意業は衰えていなかった、というところだろうか。

現在、延岡（のべおか）市沖田町の延岡軽種馬農業協同組合延岡所種付所の一号にいるカブトシローの、次のねらいは何か？　いずれにしても、生きている限り、競馬をドラマとして楽しませてくれることだけは、まちがいないように思われる。長生きしてくれよ、カブトシロー。

アスカ

昭和三十九年の「日本ダービー」で、アスカは三番人気におされていた。一番人気は皐月賞を勝ったシンザン、二番人気はトライアルのＮＨＫ杯を勝ったウメノチカラだった。当時、いつも少差でしか勝っていないシンザンの下馬評は意外に低く、それにひきかえ、皐月賞で後方から一気に追い込んで四分の三馬身までシンザンを追いつめたアスカの方に、ファンの期待は集まっていた。

だがレースはシンザン、ウメノチカラで固くおさまり、アスカは五着と敗れた。ファンは「前がふさがっていた」「不利があった」といってアスカをかばった。当時、アラブかと思うような、地味で風采のあがらないシンザンに比べると、ハードリドン（母ドナアヅアー）という良血のアスカは、いかにも貴公子然と見えたのである。

しかし、アスカは期待された菊花賞でも八着と敗れ去った。あけ五歳になってからも、金杯でコウライオーのクビ差二着、中京記念でもパスポートのクビ差二着と敗れ、とうとう、ファンにも見切りをつけられた。シンザン五冠達成、そしてそれに挑んだ無敗のハクズイコウ、万年惜敗のウメノチカラ、一発勝負で反則勝ちを狙ったミハルカス、「殺し屋」バリモスニセイ、といった群雄のなかからアスカは、ひっそりと去っていった。

強い強い、と言われながら、実際は十九戦して二勝というのが、中央での成績だった。しかも、その二勝はデビュー初戦と、引退前の最終戦だったのだから、皮肉なものである。

公営に行ってからのアスカは、なぜかエイコウザンと名前を替えた。エイコウザンは「栄光惨」か？ とかげ口をたたくファンもいた。しかし、A2クラスで公営に再デビューしたアスカは、特別で二着したあと、川崎で開設記念を勝って、「さすがにシンザンとはりあった馬だ」と言われたものだった。

その頃、私は大井までアスカに逢いに行った。実は、デビューするという若い歌手がいて、芸名をつけてくれ、と言われてアスカとつけたら、「何のこと？」と訊かれ、「名馬の名だ」とこたえたら、その歌手が、どうしてもアスカを見たいと言い出したのである。

私は、重賞を勝ったあとのアスカの楽勝を信じていたし、人気も圧倒的に一本かぶりになっていたが、いざ走ってみたら六頭立ての六着。これで、歌手のアスカは「アスカという名は縁起がわるい」と言い出したのである。そこで、このオープンは、調教がわりで本番は金杯なんだと言い、四月、もう一度つれてくる約束をして、なだめて帰った。だが、アスカは金杯でも六着と敗れ、その後、落馬をふくんで七連敗。翌、昭和四十二年にも十戦して十敗し、四十三年になって大井から姿を消してしまった。

人の噂では、地方を転々として、九歳になってから、浦和の調教師のもとへひょっこりと姿をみせたが、そのときはすっかり痩せおとろえて「骨と皮ばかり」になっていた、という。だれも、その老馬がアスカだと知らず、近所の農家につながれて、子供たちをのせて遊んでいたが、ひょっとしたことからアスカだということがわかって大騒ぎ。

ハードリドンとドナアヅアーの名血ならば種牡馬にしようということになったが、実現しないままに死んでしまった。死因は腸捻転とも、心臓麻痺とも言われるが、はっきりしたところはわからない。一方の、私が名付親になった歌手のアスカの方はどうしたか、というと、デビュー曲が売れずに今はドサまわり。

先日も、青森のキャバレーから酔って電話してきて、「センセ、あたしどうしてアスカなんてつけたのよう」と、泣いていた。「うらんでるわよ、せめて、タマミとかトウメイとかつけてくれれば、お金をたくさんかせげたのに」

その、彼女の持唄は、こんな風に終わっているのであった。

あたしが死んでも日は昇る
愛がなくとも日は昇る

ストロングナイン

「どうだい、うまいだろう?」と、鍋を突つきながらカマダが言った。

「何の肉かな、これ」と訊くと、「馬肉だよ」という返事である。もうもうと鍋から立ちのぼる湯気の中で、私は言った。「まさかサラブレッドじゃ、あるまいな」

フォークの岡林信康が唄っている。

待っているのは馬肉屋だけ
きょうも涙のサラブレッド

だが、待っているのは馬肉屋だけとは限らない。少なくともそう思いたい。九歳になっても、十歳になってもがんばっている馬はいるのだ。

この五月七日。私はブラリと上山競馬場まで足をのばしてみた。ストロングナインが出走するというレースを見るためであった。有馬記念を勝って日本一となった、あのストロングエイトの弟で、デビュー当時は兄以上の期待をかけられた馬である。中央にいたころは中島啓が乗って八勝したが、重賞勝ちがなかったために種牡馬になれず、地方落ちしてしまった。

それでも、上山あたりじゃズバ抜けた強さだろうと期待をかけて行ってみたら、出馬表を見ておどろいてしまった。サラ一般A1特別にズラリと顔を並べているのは、すべて中央で走っていた馬ばかりだったからである。

一枠が九歳のストロングナイン。三枠が八歳のオプティー（中央で八勝）、四枠が九歳のトウショウプリンス（中央で九勝）、五枠が九歳のクリタカシ（中央で八勝）、そして六枠が本命で八歳のミホノフォード（中央で八勝、地方でも十戦七勝）である。

養老院の運動会といえば、ほほえましい気もするが、しかしスピードシンボリやトウショウボーイの近親馬が、九歳でヨダレをたらしながら走っているのを見るのは、「きょうも涙のサラブレッド」という気がしないでもない。

「これが三年前なら」と私は言った。「中央の重賞レースなのにな」

応援にやってきたストロングナインは×印で、本命はこのところ三連勝のミホノフォードである。対抗は、やはり中央から来たニホンピロエイホウ（中央で五勝）で、ほぼ一騎打ちの様相である。逃げのミホノフォードと、直線差しのニホンピロエイホウの対決にからむのは、地方落ち四戦目でようやく一勝したオプティー。そして穴人気は、地方ですでに十一敗しながら、名血のため、「一発を秘めている」と思われているトウショウプリンスであった。

私は、ストロングナインの馬券を買ったが、内心ではあきらめていた。「足を痛めて」引退した九歳の馬が、この相手で勝てるわけはないからである。

中央で五十戦以上し、「使い過ぎ」と言われながらもがんばったストロングナインの、決め手は逃げることであった。私のもっとも印象に残っているレースは、昭和四十九年の秋の中山レースである。たぶん、京葉特別だったと思うが、はっきりしない。ストロングナインは兄のエイトと同じ中島啓が乗っており、本命はアイフルだった。

その日は朝から雨で、私は女と一緒にスタンドにいた。女の名前はもう忘れてしまったが、ともかく私はその女から三万円あずかって、「何でも好きなのを買ってくれ」と頼まれていた。

しかし、ツキがなくて、すでに二万円をとられ、あと一万円で仕方なしにストロングナインの単を買ってみたのである。ゲートがあくと、ストロングナインはアイフルのハナをたたいて逃げた。泥がとび、二番手につけたアイフルは、「いつでもかわせる」といわんばかりにぴったりとストロングナインをマークしていた。だが、直線に入ってもストロングナインはバテなかった。必死でたてがみを逆立てて走るストロングナインには同期生のハイセイコーやタケホープのような派手さがないかわり、「万年課長」の中年男の必死の生きざまが感じられた。

「何がこわくてあんなに逃げるのだろう」と私は思った。今にして思えばそれは「馬肉屋の湯気立ちのぼる鍋」だったのかも知れない。あれから、四年。ストロングナインは、「まだ逃げつづけている」が、うしろから追いかけてくる馬肉屋の足色も一向におとろえていないように思われる。その日、一緒に馬券を買った女は、まもなく嫁にゆき、いまは一児の母なのであった。

ガルカドール

六月十九日種牡馬ガルカドールの命日である。ガルカドール・ファンだった弁当屋の吉川と二人で近くの赤ちょうちんまで出かけて、一杯やりながらガルカドールをしのぶことにした。

「寺さんは、三里塚までガルカドールに会いに行ったことがあるんだね」と吉川がいった。「そのときの話をして下さいよ」

ガルカドールに会いに行ってからかれこれ十年近くたつのだが、「まるで昨日のことみたいな気がするね」と私は言った。「おれが行ったときガルカドールはすでに発狂していたからね」

「発狂！ うそでしょ」と吉川は言った。「そんな話、だれも信じませんよ」

「何しろ、馬手さんはヘルメットをかぶって、厚い綿入れを着、角材をもって完全防備だった。かみつかれるので、だれも近づくことができない。ほとんど猛獣のように見えたね。前任の馬手は、肩をバックリかみちぎられて、もうガルカドールの世話なんかしたくないと言って辞めたということだった。だれも近づけないので、散髪もできず、たてがみはのび放題。地べたにとどくほど栗毛のたてがみがのびていた」と言うと「待って下さいよ」と吉川が言った。ガルカドールはたしかジエベルとファリヴァの仔でしょ？　両親ともに鹿毛なのに、どうして栗毛なんでしょうね？　というわけである。

「そんなことまで知らないが……」と私は言った。何しろ、ガルカドールのような名血馬が、暗い馬房でさびしく発狂しているのを見るのは何だかとてもつらかった。当時の馬手さんの話では、ガルカドールはもともとはおとなしい馬だったのではないか、ということであった。

何しろ、英国ダービー勝ち馬である。

向こうでは、下にもおかぬもてなしで「人間以上」の待遇をうけていたというのである。

それが種牡馬として日本に輸入され、まったく乱暴に扱われた。言うことを聞かぬということで鼻ねじをかけられたり、丸太でシリをぶたれたりして、自尊心をひどく傷つけられ、とうとう頭がおかしくなったというのである。

英国ダービー勝ち馬が人間不信から発狂したという話を聞くと、私は何だかジンときた。だが、もしかしたら、サラブレッドが人間以上の扱いをうけることに反発して、いじめまくったのかも知れない。ガルカドールの日本での種牡馬としての成績はそんなに悪いものではなかった。毎日杯、神戸盃に勝ち、ダービー、菊花賞にシンザンの三着したオンワードセカンド、金杯を勝ったヒガシソネラオー、中山大障害を勝ったヤマニンダイヤなど、重賞勝ち馬も何頭かいる。しかし、おとなしく種付けしないため、牝馬がこわがって逃げだすケースも随分あったらしい。

フランスで生まれて、英国ダービーを勝ち、期待されて種牡馬として輸入されたわりには不遇な晩年で、個性的な産駒は残せなかった。

「だが、発狂したというのが、ほんとだとしても」と吉川は言った。「おれは、いつかきっとガルカドールの血が日本のダービーに勝つと信じているよ」

たしかに、ガルカドールの孫（娘が産んだ馬）でも、リュウファーロス（阪神大賞典）、フィドール（シンザン記念）、ブルーハンサム（目黒記念）など、何頭かの重賞勝ち馬がいる。吉川の悲願も夢ではないだろう。さびしく三里塚の地に果てた名馬の冥福を祈る。

地の涯に倖せありと来しが雪　　源二

ジーガータマナー

ジーガータマナーという馬をおぼえているファンはいるだろうか？　タマナーとヤシオノボルの仔で黒鹿毛。八戦して全敗。九戦目、新潟の未勝利を脱したが、その後も五戦して全敗し、いつのまにかターフを去っていった馬である。

現役時代には、ただの一度も三番人気以内になったこともなく、騎手も五人交代したが、誰が乗ってもテンにおかれた。つまり、スタートということを知らない馬だったのである。ゲートがあくと各馬いっせいに出る。ジーガータマナーは「みんなどこへ行くのだろう？」と、おどろいてあたりを見まわす。

「置きざりにした悲しみは……」という唄の文句ではないが、あわてて他馬を追いこんでも、とてもレースにはなるものではない。デビュー戦の十五着以来、十一着、十五着とひどい成績ばかりだった。こんな馬をどうしておぼえているのかといえば五十一年三月十三日（一回中山五日目）のレースで、たまたまレースぶりを見たからである。

その前日、二年ぶりに刑務所を出た友人の角倉という男を気晴らしに競馬場へつれていった。グリーングラスが目のさめるような勝ち方をした五レースで、一頭だけ後方におかれて、十三頭立ての十三着の黒い小さな馬を見て、角倉が言った。「いまの私は、あの馬です。でも、これからは、きっと追い込んでみせます」

　そのビリの黒馬がジーガータマナーだったのである。角倉は、その後、スナックの皿洗いからはじめて、二年目で、もうマスターと呼ばれている。人生の六百万下条件クラス、とでもいったところで、先日バッタリ会ったら、「あの馬、どうしてるでしょうね」と言う。私は、たまたまこの欄の読者から届けられた手紙の中にまじっていたジーガータマナーの消息を読みあげてやった。

「ジーガータマナーは、道営競馬に出走予定で登録をすませておりましたが、ハク離骨折で状態がおもわしくないままずっと牧場にいたようです。馬主の安川氏のご好意により、長くかわいがられ、面倒をみてもらえるということで乗馬として寄贈していただき、昨年十二月当大学馬術部に入廐致しました。明けて一月二十五日去勢手術をしておとなしくなり、人間に対しても非常にすなおで、かむ、けるなどしない馬です。すでに馬術競技用馬として調教を開始しており、乗馬としてなかなかよい素質をもっている様子です。大事に使っておりますが、やはりサラブレッドですから、野外で思いっきり走らせますと、当馬術部のどの馬よりも一瞬のスピードでは抜きんでているようです。

これから先、致命的な故障さえおこさなければ、十年位は当馬術部で活躍してくれると思っております。なお、今年四月乗馬登録を行ない、ハクリョウ（柏稜）と改名いたしました。しかし、部員はタマナー、タマナーと愛称でこの馬を呼んでおります。写真一葉お送りします。これは今年の四月に写したものです」

差出人は北海道の帯広畜産大学馬術部、藤原真一郎という人であった。角倉は、この手紙を感慨深く読んでいたが、どうしても写真をくれと言いだした。

「どうするんだ？」と訊くと「店の壁に貼っておく」という。「ジーガータマナーは、おれのライバルですからね。負けないように、毎日眺めてファイトを燃やすんですよ」

ビューティロック

「ことしもダービーには」とスシ屋の政が言った。「牝馬が一頭も出走しなかったね」

毎年、ダービーに挑戦してくる牝馬をたのしみにしている私にとっては、さびしい話である。去年などは、アイノクレスピン、リニアクインといった女傑が出ていれば、もしやというチャンスもあったのに、などと話しているうちにビューティロックの話になった。

オークスで一番人気になりながら九着に惨敗し、くやしまぎれにダービーに挑戦。キーストン、ダイコーターにあっさりと斬り捨てられて十二着に終わったビューティロックは、考えようによっては「女の意地」をみせてくれた最後の馬であった。そのビューティロックもことし十六歳。北海道浦河のヤシマ牧場で元気にしているということである。ビューティロックの消息をいろいろ調べてゆくと、ふとしたことからヤシマ牧場の場長四ツ谷政次郎さんの長男、卓さんの遺稿集を手に入れることができた。なかなか感動的なものなので、紹介しておきたい。

今日になってはじめて日記帳のタイトルをつけた。今まで何とつけてよいのかわからなかったものだが、今日になってふと「悪霊」が未完（ということは、僕がまだ全部読んでいないこと）なのに気がつき、「未完のスタヴローギン」とつけた。

という書き出しで、ヤシマ牧場の各馬についての感想が書いてある。

日山マンナー——手違いで五大レースの登録を全部忘れられた不幸な彼女は、これから暗い生涯を送ることになる。地方で走るのか。
ビューティロックはまたしても駄目で四着。
シェスキイはやはり敗れていった。今度こそは勝つのではないかという期待を抱かせながら、負けていった。寺山修司は童貞の学生運動家と侮辱的な言辞を吐いたが、学生運動家と違うところがある。運動家には負けてよい試合などというものがない、という点だ。サラブレッドは負けたら、来年の天皇賞を狙えばよい。それで駄目なら牧場へ帰るがよい。しかし、革命家は負けて、次の試合に参加しえるだろうか？　帰るところがあるだろうか、ここに、サラブレッドのオプティミズムがあり、運動家のイデオロギーとの差がある。そしてまた、シェスキイの限界もあるのである。

この日記は、ただの牧場長の子のサラブレッド随想などというものではない。馬と、その馬の走った時代とを重複させながら、見事にひとつの批評になっているのである。

一人、競馬場に出かける。ビューティロックは、もう駄目かと思われた直線百メートルでサーッと一気に抜けだして一着。すばらしい勝ちっぷりだった。

Happy bird というおもちゃがある。永久に水を飲みつづけるという不思議な鳥だ。二十四歳の青年が、もう勝てないと思われたビューティロックの復活を喜び「永久に水を飲みつづけるおもちゃの鳥」に関心を示す。そして、自分は二十八歳の若さで世を去ってゆく。それを、オークスからダービーへと挑んだビューティロックの逞しさと、死んでいった卓君の弱さとして対比するのは当たっていないだろう。それにしても、この感動的な遺稿集が、非売品として身内にだけひっそりと配られたのは、残念なことだった。ところで繁殖牝馬になったビューティロックは、卓君の死後五頭と種付けをした。ダイハードを父にしたヤシママツカゼは、走ったがいい成績をあげることはできず、ネヴァービートを父にしたヤシマホープもだめだった。シンザンを父とした一頭は不妊、もう一頭は虚弱で死んでしまった。

卓君の父親の政次郎さんも、いまはヤシマ牧場の場長をやめているから、この「物語」はおしまいである。

ふりむけばまだ海青し望郷歌　卓

ウメノチカラ

もし、シンザンがいなかったら？　というのは、競馬ファンなら誰でも考えることである。日本一の名馬は、たぶんウメノチカラだったのだ。

ヒンドスタンとトキノメーカーとのあいだに生まれ、堂々たる黒鹿毛の体軀と、ブランドフォードの血を一八・七五パーセント受けついだウメノチカラは、いかにも名馬にふさわしい雰囲気を持った馬だった。

京都でデビューし、あっさりと新馬を勝ち、朝日杯三歳ステークスでは一番人気のカネケヤキ（のちのオークス馬）をゴール前で見事に差し切って、あっというまに関東ナンバーワンの座にのしあがってしまった。その頃、関西から出てきた同じヒンドスタンの仔のシンザンは、一見みすぼらしい馬で、たいした話題にもなっていなかったが、スプリングステークスで、ウメノチカラ、ブルタカチホといった関東の強豪を三馬身二分の一切り捨てて、一躍注目された。

だが、皐月賞でもシンザンは強かった。好位から、スルスルッと出て追いすがるアスカ、ウメノチカラを、またまた二馬身二分の一ひき離したままゴールインしたのである。「実力か、フロックか?」と誰もが迷った。

ウメノチカラは、NHK杯に出走し(このレースにはシンザンは出走しなかったが)楽勝した。ダービーでの対決では、「こんどはウメノチカラが勝つ」と思ったファンも少なくなかった。人気は、シンザン、ウメノチカラの順だったが、ひそかにウメノチカラの逆転を信じていたのは、私ばかりではなかった。だれが見ても、ウメノチカラには横綱の風貌があり、シンザンには、十両のようなみすぼらしい(あるいは、ボサボサ頭の書生の)イメージしかなかったからである。

しかし、やっぱりレースになるとシンザンの力は抜けていた。逃げるサンダイアルを四コーナーでかわしたウメノチカラは、一気にスパートして、直線で逃げ切りの策に出た。ぐんぐん他馬をひき離すウメノチカラを見て、だれもが「決まった!」と思ったが、そこからのシンザンは、まるで、つむじ風のように速かった。どっと湧く歓声の中を、ゴールに先に駈けこんだのはウメノチカラではなく、シンザンだったのである。

夏を越したウメノチカラは、「ただシンザンに復讐するため」にだけ、調教したようなものだった。セントライト記念でレコード勝ちしたウメノチカラは、菊花賞で一番人気に推され、夏バテを伝えられたシンザンは、「こんどは無理」という下馬評だったのである。

ゲートがあくと、野平祐のカネケヤキがとび出した。競馬史に残る「伝説の百馬身の逃げ」である。コースを半周以上ひきはなして単騎逃げるカネケヤキを、どこでとらえるかがシンザンとウメノチカラ、栗田勝と伊藤竹の腕の見せどころとなった。場内は騒然となった。両馬が牽制しあっているうちにカネケヤキは早くも二周目の三コーナーから四コーナーへとさしかかったからである。ただの逃げ馬ならいざ知らず、桜花賞、オークスを勝った名牝のカネケヤキであっては、そのまま逃げ切られるということもあり得るだろう。

ついにたまりかねた伊藤竹のムチがとんだ。シンザンを意識しすぎて、カネケヤキにとどかなくなるのを怖れたからである。スパートするウメノチカラを見て、一呼吸おいて、シンザンにも栗田のムチがとんだ。ぐんぐん、差がつまる。直線半ばで、ついにカネケヤキは並ばれ、そして後退した。ウメノチカラは必死で追いつづけたが、一呼吸の余裕がものをいったのか、シンザンはウメノチカラを尻目に二馬身二分の一の余裕でゴールインして三冠馬になったのだ。

五冠をことごとくシンザンに奪われ、競馬史にクラシックホースとしての名を記録できなかったウメノチカラにしてみれば、「もし、シンザンがいなかったら……」と思っても、当然である。

現在は北海道浦河（うらかわ）のうめの牧場で、種牡馬としての生活を送っているが、「腰を悪くして、思うように種付けができず」（牧場主梅野昇さん談）、産駒もシンザンの仔に大きく水をあけられている。

　ことしの四歳馬でも、ビエント（ウメノエイコウとの仔）は四戦し、現在函館で走っている。ユーエスカオリ（ウメノカオリとの仔）は川崎、ウメノオーカンとの仔は岐阜、ウメノニホンとの仔は消息不明、トクノエース（ウメノクイーンとの仔）は三百万下に低迷中。期待できそうなのは、川崎で三連勝のユーエスカオリだが、シンザンの仔のはなばなしさに比べれば問題にならないだろう。

　名馬と同じ年に生まれたのは、運が悪かったのさ、と言ってしまえばそれまでだが、私としてはウメノチカラの仔が、シンザンの仔とダービーで対決して勝つ、という夢を描かないわけにはいかない。何をやっても二番目だった人間にも、それにふさわしい栄光を与えてやりたいし、逆転のチャンスをもたせてやりたい。

　競馬の快楽とは、運命に逆らうことだ、というのが、私に競馬を手ほどきしてくれた娼婦のおときさんの教訓なのであった。

ヒロファイター

ときどき、わからなくなることがある。それは、動物にとって幸福とは何か？　ということである。レストランで、血のしたたるようなビーフステーキに舌つづみを打ちながら、この原稿「サラブレッドの旅路の果て」について考えることは、私の偽善か、感傷にすぎないのではないか？　実際、私は肉が好きで、豚も牛も食べる。鴨は大好物だし、ときには馬も食べることがある。しかし、考えようによっては、食べられる一頭の牛、一羽の鶏にだってサラブレッド同様に、それぞれの辿ってきた「半生」があったに違いないのである。

そんなことを考えながら、いささか気が重くなっていると、一人の女性から達筆の手紙が届いた。「お原稿を、毎回たのしみに読んでおりますが、このところ悲しい馬のことばかりで気が滅入ります」とはじまって「でも、中にはこんな幸せな馬だっているんです。ヒロファイターです。覚えていらっしゃるでしょうか、障害のオープン馬でした」というのであった。

この女性（岩田美千代さんという）の手紙によると、ヒロファイターは、小諸の駅から五分位のすばらしい高台に建てられた山荘風の家に、井出袈裟吉さんと住んでいるという。他に犬三匹、猫一匹、兎二羽、にわとり二羽が一緒だというから、牧歌的な光景が目に浮かぶようである。ヒロファイターといっても、私には特に思い出はない。平地では二勝（未勝利と福島の二百万下）しかできなかったが障害へ入って注目を集めた馬である。マイナーズランプとミサオヤマの仔で、サラブレッドにしては小柄で四百キロ台。（古馬になって一度だけ四百五十キロということがあったが、それは休養明けで二十キロ増のときだった）

障害で未勝利、勝入と二連勝し、オープンでもダリップ以下を負かし、中山大障害で三番人気になった五歳の暮れがもっともよかったときで（結果はクリユタカの六着）それ以後はパッとしなかった。この馬は、左まわりがまったくだめで、六勝全部が右まわり。左まわりでは一度も連にからまなかった、ということ位しか記憶にない。それでも抽選馬でオープン入りし、七歳まで走ったから、ファンもいたことだろう。

その一人だった岩田さんは、手紙に「井出さんの愛情を一心にうけ、毎日小鳥と草花と仲間の犬たちと一緒に自然の中で暮らしているヒロファイターは幸福者だと思います。私は彼に会いにゆくたびにこう言います。〈ヒロ君、良かったね、幸せになれて。クラシックホースでさえ行くえ知れずの馬がいるのよ。本当によかった……〉と。ヒロファイターと語っているとき、胸がじーんと来て、涙ぐんでしまいます」と書いている。

井出さんの妹（現姓、久保）さんの話によると、ヒロファイターは五十年五月のレースで左前足の種子骨を骨折し、研究馬として栃木の研究所におくられた。いわばモルモットとして馬の病気の研究（たとえば伝貧の検査など）のために役立てられるのだが、最後は殺されるという。たまたま、ヒロファイター骨折の記事を読んだファンの岩田さんたちは、これを研究所からゆずりうけ、千葉の相川牧場で休養させたあと、小諸に連れていき、いまは井出さんにペットのようにかわいがられている、という。

たぶん、ヒロファイターは、めぐまれた余生を送り「幸福」に死んでゆくことになるだろう。だが、馬はほんとうに「幸福」の意味を知っているのだろうか？　私は、この手紙を読んだとき、ヒロファイターよりも、むしろ岩田さん、久保さん、井出さんの「幸福」を思い「良かったですね」と言ってやりたくなるのだった。

ルナアルも書いている。「幸福とは、人が幸福をさがすことである」と。

ニホンピローエース

昭和四十一年のダービーには、忘れられない思い出がある。私は、その朝、貯金を全部おろして(と言っても、当時の金で二十万しかなかった)、府中の競馬場へ向かった。最初から、ニホンピローエースに賭けるつもりだった。

当時、私は「賭博語録」などというのを勝手にでっちあげて小説や詩の中の賭けに関する名言を書きつけていたが、その朝の心境は、まさに、

いいか　よくきけよ
今日という日を狙わぬ奴は
猫の子一匹手に入れることもできんぞ

という、レールモントフの一節にも似たものだった。ダービーは、ニホンピローエースのものだ、と私は確信していた。その理由は、何よりもニホンピローエースの尾花栗毛の美しさだ。それは、私が生まれてから見た美馬のベストスリー(他の二頭は、

ミオソチスとミストウキョウ、ともに牝馬）に入るもので、しかも、どこかに一抹の暗さがただよっているのが、いっそう私の心をひきつけた。

デビュー戦で、リュウファーロス以下を九馬身ちぎって逃げ切り、その後もアポオンワード以下、当時のオープン馬をことごとく破って四戦全勝で東上。初コースと重馬場の弥生賞で、タマシュウホウに半馬身先着をゆるしたが、スプリングステークスでは文句なしの一番人気となった。

しかし、ここでニホンピローエースは、関東の代表馬ショウグン、ナスノコトブキらと競りあって敗れて、「それまで」と思われたものだった。ファンの大半は、新しいスター、ショウグンへ心を移したが、私はひそかにニホンピローエースの巻き返しに賭けた。そして、不利と予想された皐月賞では、見事に逃げ切り勝ち。

私も、背広一着つくって、ニホンピローエースと縫いとりを入れるほどの上機嫌だったものだ。だが、その頃からファンのあいだでは、関西馬では池江のシバハヤの方が逃げ足がある、という噂がひろまっていた。皐月賞では、ニホンピローエースにいかせたが、ダービーでは絶対にシバハヤが、ハナを叩くだろう、というのである。

実際、NHK杯では逃げられなかったニホンピローエースは、ナスノコトブキ、ショウグンに一蹴されて五着と敗れた。そしてダービーでは、にわかに人気が下降しはじめていたのである。騎手の田所は、地味な性格で、しかも一度は落馬で記憶喪失症にかかったことのある男だった。腕はたしかだが、気のやさしさが難とされていたのである。

私は、何としてもこの田所で、ニホンピローエースにダービーを勝たせたい、と思っていた。だが、フタをあけてみると七枠二十三番という、逃げ馬にとって致命的な悪条件。しかも、シバハヤは一枠をひいて「やる気十分」とみられた。

私は、二十万円を全部、ニホンピローエースの単で買うつもりだったが、当時つきあっていたホステスのA子が、万一にそなえて、総流しした方がいい、と言い出した。ハナ差の二着で、全財産スってしまうのはもったいない、というわけである。それで、一応七枠から一万円ずつ流して、残りの十二万円で単勝を買うことにした。

レースは、悲惨なものだった。ゲートがあいた瞬間、田所は「心の旅路」の一シーンのように自失し、他馬が一斉に出てもまだ、ゲートの中にいた。それから、弾丸のように逃げるシバハヤを追ってゆく一団からおくれて、後方につつまれて、いいところなく二十着で終わった。

「参ったな」と、私が馬券を捨てようとしているとA子が、突然、大声で「当ってるわ」と叫びだした。みると、一着テイトオー、二着は七枠（ニホンピローエースと同枠）のソロモンで、③—⑦で、五十五倍の配当となっていたのだ。

隣の馬が勝っても、それが狙った馬でないなら、馬券を破き捨てるのが仁義——というのがスシ屋の政の哲学だが、考えようによっては、ニホンピローエースが、「負けても、ファンにもうけさせてくれたのだ」ともとれる。何としても、当時の私にとっては、ありがたい五十五万円だった。私は、これでやっと引越できるな、と思ったのを今でも思い出す。

その後、ニホンピローエースは、重賞（阪急杯）をふくめて五勝し、四十四年十二月に引退している。そして、北海道の様似（さまに）エーコープファームで種牡馬になった。種付けの割りに仔出しがよくなく、四十五年以後産駒は八年で六十頭に充たない。中央競馬で三勝以上したのはわずかにスズホープ（現役）だけで特別勝ちは六百万クラスの北摂特別を勝ったヒダカパッションだけというから、成績の方はパッとしないようである。

それでも、ことしは釧路弟子屈（てしかが）町の鈴木さんのところへ移って、ヒメホウシュウ以下十頭ほどに種付けした。あの、見事な尾花栗毛には、もはや昔日（せきじつ）の面影はないだろう。だが、ことしの夏には、ぶらりとニホンピローエースを訪ねてみようかなどと思いながら、私はこれを書いているのである。

モトイチオー

一度だけ、他人に頼まれて馬券を買ったことがある。それがモトイチオーという名の馬の単勝馬券であった。

確か昭和四十五年の春でレースは四歳ステークスであった。私はヒガシライトを買うつもりだったので、ついでと思って気軽に引き受けたが、昼から四年ぶりに昔なじみの女がたずねてきて、すっかり競馬のことは忘れてしまっていた。夜になって、ひょっこりと馬券を頼んだ男が現れたとき私がハッとして「あっ、忘れていた」というと彼はニヤニヤして「ノムかい？」と言い出した。頼まれた馬券代は、二万円である。もし「ノム」といってモトイチオーが負けていた場合には黙っていても二万円がころがり込むことになる。だが、万一、モトイチオーが勝っていた場合に、私はその配当分だけ払い戻してやらなければならないことになる。

新聞を見ると、モトイチオーは八カ月ぶりの出走で十三頭の中で一番人気がない。休養前は四戦二勝、二着、三着一回ずつ、連対率七割五分という成績で、アローエクスプレスとたたき合いの好勝負をしていることがわかった。それに、こんなに早ばやと彼がやってくるのは、少しでも早くレースの精算をしてもらって自慢したい、というつもりかもしれない。大体、ノミ屋の常識として休養明けで人気のない馬の馬券は「場外で買っておく方が身のため」ということになっている。私にしても、いきなり単勝の払い戻しで五十倍（百万円）などとられたら、下宿をまとめていなかへでも帰るほかはないだろう。そう思って「すまない、ノマずに返すよ」と、二万円払ってやると彼は「よかった、よかった」と言って帰っていった。レースはヒガシライト楽勝で、モトイチオーは十三着の惨敗だったのだ。

そのときから、私はモトイチオーという馬を注目するようになった。抽選馬だったが、テッソの仔らしくしぶとい馬で六歳になってからは、なかなかの活躍を見せた。夏の福島で特別を二連勝し、東京でも、七百万下でタケデンバードと好勝負。秋の目黒記念ではゴール前のカツタイコウに後方から一気に突っ込んできて、あわやという場面をつくってみせたりもした。だが、そのあとはラファールの勝った京王杯で二着が精いっぱいでとうとう重賞をひとつも勝てないまま引退し、噂を聞くこともなくなってしまった。

私も、そんなに印象の強い馬ではなかったので、いなくなってしまうと、それきりモトイチオーのことなど忘れてしまっていた。それから例の友人（数年前にモトイチオーの馬券を頼んだ）が、ふらりと「どうだい、上山へ行ってみないか」と誘いにきたのだった。ちょうど、いまから二年前のことである。

「上山になにがあるんだ?」と私が訊くと、「モトイチオーが走っている」という。しかも、モトイチオーは上山では二年連続チャンピオンで、大活躍だというのである。「そろそろ十歳で定年なので、引退式をやって宮城県の牧場で余生を送らせるそうだ。ずいぶん永いこと走ったからね」と、友人は肉親を養老院にでも入れるみたいな口ぶりで話した。私も、上山競馬へ一度行ってみたいと思っていたので、一緒に行くことにした。

ところが、それから一週間もしないうちにまた友人がやってきた。「引退レースはもう終わってしまったよ」「へえ、早かったね」と私が言うと、友人は「その引退レースで、モトイチオーは骨折して、殺されたよ」とポツンといった。上山の高島廐舎では、「使うたびに球節が悪くなって、弱っていくようでした。ほうっておくとダメになるぞと思って、引退を考えていたんですが、とうとう最後のレースで骨を折りましてね」と言っているから、もう一レース早く引退させるべきだったかも知れない。

中央では無名の馬が、地方へ行って名をあげて、その代償に体をこわして死んでいく。いつもの歌の文句ではないがここにも「ひとに好かれていい子になって落ちてゆくときゃひとりじゃないか」という例がひとつあったのだ。モトイチオーの冥福を祈ろう。合掌。

ミハルカス

四コーナーに差しかかったとき、ミハルカスはまだシンザンの内側にぴったりとついていた。そして内ラチいっぱいに、天皇賞でシンザンと壮絶な一騎打ちを演じたハクズイコウが機をうかがっていた。

昭和四十年の暮れも押し迫った有馬記念である。もし、シンザンがこのレースに勝てば史上初の五冠馬になるのであった。そして、関東のどの騎手も関西馬シンザンの栄光をはばみたいという一念に燃えていた。場内は大記録を前に異様な興奮につつまれていたが、空はどんよりと曇った雪もよいであった。そしてミハルカスの加賀が四コーナーでは直進ぎみに大きくふくれるという奇襲戦法に出た。当然、ぴったり並んできたシンザンは、その外に持ち出された。一緒にふくれることになる。

「加賀はシンザンと無理心中する気だな」と、私は思った、自分の馬が負けても、ともかくシンザンの大記録だけははばもうとしている、と見えたからである。この思いがけないアクシデントに、スタンドは騒然となった。四コーナーからコースをはずれて、まっすぐスタンドに走ってくる二頭は、三階席からは見えなくなった。そして、ハクズイコウ、ブルタカチホなどが一気にゴールへ向かっていった。ワーッと声があがったとき、私はてっきりミハルカスとシンザンがサクに衝突したのだと思った。

しかしシンザンは、その直前で立ちどまって体勢を立て直していた。そして、そのままミハルカスをひきつれて一気にゴールへ向かって追い込みに出たのである。それは鬼気迫る迫力であった。ゴール直前で、先行集団をとらえたシンザンは、鮮やかに抜け出して五冠馬となった。そして、それについていったミハルカスは有馬記念二着馬となったのである。こうしてミハルカスは、シンザンへの奇襲によって、競馬史上に残る一頭となった。もちろん、ダイヤモンドS、サンケイオールカマーなどの重賞も勝っているから、並の馬ではないが、ミハルカスといえば、古いファンはだれでも「ああ、シンザンの有馬記念の四コーナーで」と、そのことだけを思い出すのである。

そのミハルカスは、昭和四十二年に引退して種牡馬となった、と聞いていた。はじめは中央競馬会が買い上げて熊本へ配属されたが、間もなくインポだということがわかったそうだ。これはサラブレッドには珍しいことである。だが、ミハルカスは、どんな牝馬をあててもその気を起こさなかったという。いわゆる女ぎらいの馬で、とうとう種牡馬を失格して、中央競馬会につれ戻され、宇都宮育成牧場の乗用馬となった。

そのまま終わってしまえばどうということもなかったが、ミハルカスは宇都宮で初めて恋をしたのである。相手はエジソンフジという馬であった。ミハルカスは、そのエジソンフジとちぎり合って、一児をもうけた。それがミハルカスの生涯でのたった一度の結婚である。

　生まれた仔は、ミハルクインと名づけられ、研究馬として栃木の研究所につれていかれた。そこで研究馬として血液をとられ、伝貧の血清をつくるために使用されることになった。白血球を試験管によって培養し、伝貧の毒を入れて抗原をつくり、診断液として血清をつくるための研究用の血を提供するものだ。そのためミハルクインは、毎月血をとられている。ふつう、研究馬の場合、いろんな病気のワクチン試験のため病気になるなどして死ぬ場合が多いといわれる。それでも「一頭を殺して多くの馬を生かすため」だということでやむを得ぬ役回りと思われているのである。

　ときには骨折した馬などが薬殺されずに研究所に送られてきて、研究馬としてミハルクインと馬房を並べることもある。悲しい仕事であったが、幸い、いまのところミハルクインはまだ元気である。一方、今年十九歳になったミハルカスも、老いてますます元気に乗馬生活を送っている。そして、その恋の相手となったエジソンフジも、ミハルカスと同じ宇都宮育成牧場にいるのである。これはたぶん、馬にしては珍しい一夫一妻の幸福な老後ということになるかも知れない。

　ただ、たった一つのファンの心残りは、そのミハルカスの仔が有馬記念でシンザンの仔と対決して、みごと復讐をとげるというドラマを見ることができない、ということなのであった。

アロートーピード

学生時代に読んだ太宰治の「走れメロス」は忘れられない一篇であった。死刑の時までに帰ってくると約束して友人に身代わりに監獄に入ってもらって帰郷したメロスが、一切の用を足し終わって走ってくる。もし、死刑の時間にまにあわなければ、自分の代わりに友人が殺されてしまう。それは、信頼を裏切ることである。そこで、メロスは全力で走るのだが、どうしても遅れそうになる。

ときどき、悪魔が耳もとで囁やく。「そんなに急ぐな。もし、友人が代わりに死刑にされてしまえば、おまえはもう自由の身になれるのだ」と。それでもメロスは、走りつづける。そして、とうとう、死刑の時までまにあうのである。

なぜ、今ここにそんなものを引用したかといえば、それがアロートーピードのドラマにどこか似通ったものを感じさせるからである。つまり、昭和五十二年二月二十七日限り、という期限つきの馬アロートーピードは、二十七日を過ぎれば「殺される」という宿命にあった。それを、宇佐美一(はじめ)さんが、馬主協会理事の伊達さんの好意でもらいうけることになった。

当時、アロートーピードは府中の中村広厩舎にいた。二月二十七日がぎりぎりということで、宇佐美さんも真剣であった。何しろ、宇佐美さんの家は日立市で、府中までは近くない。午前二時に家をとび出し、乗りつぎで「走りつづけて」、ようやく府中競馬場へ着いたのが、二十七日の午前八時。そろそろ、スソ馬の始末にとりかかりはじめる時刻であった――と言う。

アロートーピードは、見た目は元気だったが、動脈瘤に悩まされ、少し運動すると汗びっしょりで苦しみだすという状態だった。その手綱をとって、「ああ、まにあった」と言ったとき、宇佐美さんは、まったくメロスのような心境だったことだろう。

アロートーピード、と言っても、知っているファンは少ない。少ないはずで、たった二戦しただけで、「病気引退」した馬である。その名の通り、父はアローエクスプレス、母はアンティロープ。デビュー戦でアイノチドリの四着、二戦目でセントスキーの三着したが、それきり、馬場には姿を見せなかった馬である。だが、こうした馬にだって、「生きる権利」はある、というのが宇佐美さんの考えである。

宇佐美さんは、それ以前にトチヒメという馬を四年ほど持っていた。そして、トチヒメに乗って、乗馬の東京大会、関東大会、東日本大会などへ出場したこともあった。だが、馬道具も高く、衣類も高い。家族を養うのがやっとで、とても馬までは…と思ってトチヒメを手放したばかりだったので、家族もアロートーピードを大歓迎というわけにはいかなかった。それでも、宇佐美さんは真剣だった。「針にさわるように、大事に世話しましたよ。ええ、うしろ右足がビッコをひいてました。中村広さんに電話して、いろいろ教えてもらいましてね」その甲斐あって、アローは日立乗馬クラブにあずけられるまで元気になった。いまは、中島トニアシュタールという乗馬クラブで、元気にしている。

宇佐美さん自身も、週に四、五回出かけていって、運動している。そして、最近では、「運動している、というよりは、走っているといえるまで元気になりましたよ」ということである。宇佐美さんは、建築設計の事務所に勤めている五十六歳の馬好きで、すでに乗馬歴三十五年以上である。アロートーピードのかわいがり方は大変なもので、奥さんも「こんな幸せな馬はないでしょう」と言っている。

わずか数時間の差で「まにあって」しあわせになれた未勝利馬アロートーピード。一方では重賞を勝ちダービーで活躍もしながらまにあわないために、悲しいサクラ鍋の肉塊と化す馬もいるこの社会である。歌の文句のように、「いいじゃないの、しあわせならば」と言い切れぬ思いが、こみあげてくるのであった。

オンワードスタン

「旧約聖書」のアベルとカインの話ではないが、何をやってもうまく、皆に愛される弟と、いつも失敗ばかりして、軽蔑される兄の話は競走馬の社会にもよくある。「弟はあんなに走ったのに」とことごとく比較され、挙句の果てが「ほんとに血のつながった兄弟なのだろうか」とまで、かげ口を叩かれるのは、つらいことである。ひところ、新聞を賑わした弟殺しの中学生の事件もまったく同じようなケースで「優等生で、みんなに愛される弟がにくかった」と、血まみれの斧を片手に自白した兄の記事を読んで、私は何か心に沁みるものを感じたのであった。

オンワードスタン。そう言っても、もう記憶しているファンも少ないことだろう。それでも、父がヒンドスタン、母が小岩井のビューチフルドリーマーの末裔ハヤノボリといえば、たいていは「ああ、あのシンザンの…」と思いあたる。

わが国競馬史上、最強の馬シンザンの全兄として生まれたオンワードスタンは、弟シンザンがデビューするまでは、これといって噂になることもない地味な馬であった。三歳時五戦して二勝。四歳時十二戦して四勝。並の馬ならば、まずまずの成績である。

しかも、天皇賞ではオンスロート、シーザーに三着し、あの女傑チトセホープと、リュウライトに先着したのだから「走らない馬」ではなかったのだ。

だが、天皇賞三着を唯一の語り草に、地方に売られていったオンワードスタンのその後は悲惨なものだった。中央でのオープン馬の実力で、AクラスかBクラスのランク付けかと思われたのが、ぐっと格下のD1クラス。そこで一勝したあと、C3クラスで三連敗して、とうとうD2クラスまで転落してしまった。

兄のオンワードスタンが、船橋の砂ぼこりの中を走っている頃、全弟のシンザンは華やかにデビューし、皐月賞、ダービーとあざやかに連覇した。（兄は、地方へ行って、スタンと改名していたが、それでもファンは公営の予想紙を見て、父ヒンドスタン、母ハヤノボリ——という名を見、「まさか、シンザンの…」と、おどろいたことであろう）シンザンがダービーを勝ったせいかどうか知らぬが、スタンは望まれて種牡馬になった。

そして、昭和四十一年の八頭を皮切りに、毎年十頭前後に種付けし、すでに七十一頭も種付けしたというから、期待のほうがうかがわれる。だが、ここでもスタンは、弟のシンザンに大きく差をつけられることになった。七十一頭も種付けしながら、ほとんど良績があがらないのだ。わずかに船橋で走ったコサクリュウ、セイワキング、そして北関東で今も走っているツクバハッピーなどがいるが、毎年、クラシック、重賞をにぎわすシンザン産駒とは比較にならないほど小粒である。「同じ父母から血をひきながら…」と、嘆きたくなるのは、ファンや血統論者ばかりではない。関係者たちにとっても、この「老いぼれ」の名血は、だんだん厄介者になりはじめたのだ。

そして茨城県の内藤牧場では、新しい種牡馬としてトウショウピットが入厩したのを機会に「交代に処分しようという感じで、北海道の日高へ送り返すことにした」のである。だが、スタンはその輸送の途中で腹痛をおこして、急死してしまった。もう、だれもスタンのことは口にしなくなったし、シンザンと比較するものもいなくなった。

「老兵は死なず、ただ消え去るのみ」という名台詞は、スタンには通じなかったが、スタンにとっては、その方が安楽というものだったのかも知れない。

「おれは、兄弟がなくてよかったよ」と、酒場の止まり木でひとり、つぶやいている私の負け惜しみも、スタンのことを思えば「なるほど」と思ってくれるやつもいるだろう。そろそろ、秋風が吹きはじめる。

トウショウピット

四月十八日は恵子の誕生日である。だが、祝ってくれる知人は誰もいなかった。二年間同棲していた男が、「ちょっと煙草を買いに行ってくる」と言って出たまま、夜おそくなっても帰らず、あくる日も音沙汰がなく、「捨てられたのだ」と気づいたのが、前週の日曜日。それから二、三日は男の洗濯物に顔をうめて泣いていたが、気をとり直して、「持っているなかで一番いいワンピース」を着て、自分一人の誕生日を祝いに競馬場へ出かけたのが、昭和四十五年の四月十八日、二回中山の初日の土曜日であった。

その日は朝からどしゃ降りだったが、恵子は生まれてはじめての競馬場の雰囲気に、すっかり圧倒されてしまった。

「こんな狭いところで走るのかしら」と思いながら、客の一番前に立っていると、一人の盲目の男が「ここはパドックといって、コースとは違うんだよ」と教えてくれた。

恵子が「目が見えないのに、どうして競馬場なんかへ来てるの？」と訊くと、男は「目が見えない分だけ、音がよく聞こえるからね」と教えてくれた。この老人は、有名な予想屋で「パドックの獏さん」という名だった。いつも、パドックの一番前にいて、馬の歩く音を聞き、「踏みこみ」「歩幅」などから、その日の勝ち馬を占うのだが、直感が鋭いので、一部ではかなりの人気を集めていた男である。

「今日は、三番の馬を買うといいよ」と、獏さんは教えてくれた。三番はトウショウピットという馬で、前回は八着と敗れている。だが、獏さんは、どしゃ降りでぬかっているパドックを歩く、一頭ずつの歩き方から、トウショウピットの勝ちを「確信」したという。

恵子は言われた通りにトウショウピットの単勝を買った。そして、レースは後方から一気に追いこんだトウショウピットが、直線で粘るタキムサシをふり切って首差で一着したのだった。恵子は「ありがとう」と言った。「おかげで、いい誕生日ができたわ」

それから、トウショウピットと獏さんと恵子との「関係」が始まった。月が変わって、五月二日、同じ中山の新緑賞のパドックで、恵子がトウショウピットの仕上りを見ていると、またそっと寄ってきた獏さんが、「今日は、いらないよ」と耳打ちしてくれた。「踏みこみに、全然力がない」というのである。そして、案の定、トウショウピットは、中団からずるずると後退して、ヤマナカセダンから大きくおかれた十着と敗れた。恵子は、それから、トウショウピットの出るレースのある日だけ、競馬場へ出かけることにした。

だが、名血とか実力馬とか言われながらトウショウピットはなかなか勝てず、恵子の期待を裏切ることばかりなのだった。

あくる年の四月十八日（恵子の誕生日）にも、トウショウピットは中山記念に出たが、ヒダプレジデントの九着。後方のままで、いいところのない負け方だった。しかし、恵子はひとり暮しにも馴れて、また、「昔の名前」で酒場のホステスに返り咲き、貘さんの力を借りなくとも、自分で馬を選べるところまでに成長した。そして、新しい「彼氏」ができて、アパートを引っ越す頃、トウショウピットの成績も急上昇しはじめたのである。むらさき賞から、ＢＳＮ杯、関屋記念と三連勝、暮にはダッシュリユー以下を破ってクモハタ記念制覇、あけて三月にはアカネテンリュウ以下を破って中山記念制覇である。

やがて、恵子は結婚し、トウショウピットは引退して種牡馬となった。中央で出走中の四歳馬トルースピットをはじめ、公営のツクバボーイ、キミスターなどを出し、まだまだ一流とは言いがたいが、それでも種牡馬としての健在ぶりを発揮している。今年大井で二連勝したアダチトウショウは、四コーナーから一気に追いこんでくるところなど、トウショウピットそっくりだと言われている。

だが、結婚した恵子の方は、まだ子供ができないのである。それで、ときどき中原理恵の「東京ららばい」などを唄っている。その後、これといって買いたい馬もいないので、競馬場へも行っていないということである。それでも「トウショウピットの半弟のトウショウボーイがデビューしたときは、じぶんの弟みたいな気持で応援したわ」と言って、無邪気に笑った。

ああ、月日は流れ、女は残る。

カイソウ

この「旅路の果て」を書きはじめたときから、カイソウのことは心にかかっていた。カイソウは、どこへ行ったのか？　第十三回日本ダービーの勝ち馬として歴史に名を残しながら、引退後、種牡馬として買いあげられることもなく、いつの間にか消息を絶ってしまった伝説の馬カイソウは、月友と第二ベバウの仔として生まれた。つまりカイソウはわが国ではじめて、ダービーを勝った内国産種牡馬の産駒なのである。

第十三回日本ダービーは、昭和十九年六月十八日、戦局も押し詰まった東京競馬場で、わずか二千三百人の観衆を前にして行なわれた。（二千三百人のダービー観客といえば、異常に少なく感じられるが、しかし、日々、空襲をうけ、戦火のさなかにありながら、競馬場まで「しかも馬券も発売されないのに」二千三百人もの人が集まったと思えば、決して少なくはない）カイソウの騎手は、橋本輝雄（現在は調教師で、アカネテンリュウなどを管理した）やや重馬場だが勝ちタイムは二分三十九秒一と遅かった。

当時、私は九歳で、青森県上北の古間木（ふるまき）に疎開していた。学徒動員令が施行され、本土決戦に備えて、学校でも退避の訓練ばかりやっていたのである。

ダービーから半月後、サイパン島が陥落し、九月にはビルマ、雲南の日本軍は全滅していた。だれも、カイソウのことなど心にとめていなかったが、年も押し迫った十二月に菊花賞レースがおこなわれ、そこでもまた、カイソウは勝った。ところが、このレースは本来、内まわりのコースを使用することになっていたのを、先行馬の騎手が外まわりコースを走り、他の馬もそれにつづいていったため、全馬失格となってしまった。

ファンは、三千メートルのコースを、百メートル多く走って順位が変わらなかったのだから、勝ちは勝ちだと思ったが、規定によってレースは不成立。まさに、コースを見失って突っ走りつづけた当時の政治状況をそのまま反映したレースだったというにふさわしかった。あくる昭和二十年になって、ついに競馬開催は不能になり、カイソウも種牡馬になれぬまま姿を消した。

カイソウは、どこへ行ったのか？　歴代のダービー勝ち馬の引退後の消息記入欄の、カイソウの部分だけが、ぽっかりと空白になっている。風の噂では、名古屋師団に配属されて、師団長の乗馬になったともきいたが、小柄な栗毛馬のカイソウには、必ずしもぴったりとした噂ではない。競馬中止になるとともに、検定馬（競走馬）はすべて、日本競馬会に買いあげられ、調教師、騎手、廏務員（当時は馬丁）は競馬会の従業員となった。

そして昭和二十年に、戦争は終わった。ラジオからは「たずね人」が放送されはじめ、行方不明の家族さがしが「再建」の大きな目標の一つになった。「どこにいるのかリル、だれかリルを知らないか」という「上海帰りのリル」が巷にはやっている頃、一部の熱狂的なファンは、カイソウの行方をたずねていた。しかし、その後のカイソウを見た者は、誰もいない。

私はべつに、こんな形で「終戦史」を補足しようなどというつもりはないが、現在の視点から、もう一度、カイソウの消息を推理し、カイソウ（回想）してみたいと思った。そこで、現在、競馬について書いておられる各氏にメグレ警部か、ブラウン神父の役を買ってもらうことにした。

まず、大島輝久氏。「日本で荷馬車をひいているカイソウを見た、という人がいるそうです。朝鮮（韓国）競馬の種牡馬になるという話がありましたが、実現しなかったようですね。もしそうなら、当時、李王朝の持っていた、日本でいえば御料牧場で種牡馬になったでしょう。軍の馬になった、という説を、私はあまり信用しませんね。サラブレッドが、軍馬になることはありませんよ。おそらく、朝鮮で種牡馬になるという話がこわれて、日本の民家で荷馬車をひいて、年とって死んだんじゃないでしょうかね。あの時代ですからね。酷使されたかもしれません」

行方不明になったダービー馬カイソウの消息について、石川喬司は、「新聞記者の追跡調査によると、将校の軍馬となって名古屋から京都へ行ったのは、確かな情報です」と、大島説に異を唱える。

「さて、そのあとは私の推理ですが、カイソウと、海草中学との連想になるわけです。当時、和歌山のカイソウ中学は甲子園大会の花形チームでした。そこの火の玉投手といわれた島のことが、子供心にも印象に残っています。その島投手がまもなく姿を消した。戦死したんです。だから、カイソウも戦死したんじゃないかと思ってます。カイソウは戦死して、ぼくの記憶の中に墓碑を立てている」

カイソウと海草中学のむすびつきとなると、ブラウン神父もびっくりという飛躍ぶりだが、そのあとも石川喬司らしいドラマチックな想像がつづくのである。

「軍馬カイソウの死に方については二通りありましてね。敗戦とともに将校と帰郷し、お互いいたわりあいながら敗残の将校とともに死んでいった。あるいは、敗戦のドサクサに、金がほしくなった将校がカイソウを屠殺場に売りとばした。カイソウは肉になってその将校に食われてしまった」

石川喬司の推理は、この両極のあいだでゆれていると言う。

一方、「馬の老後に心をよせるヒューマニズムは、ただの感傷にすぎない」と言うのは、山野浩一である。彼は、「カイソウは、軍人の乗馬になって朝鮮へ行き、年をとって廃馬になって殺されたのではないか」と推理し、「あるいは大きなケガをして銃殺されたかも知れない」と言って、笑いとばす。

しかし、サラブレッド血統センターの吉村育朗の推理ともなると、さらに一段と伝奇性は増していた。「つい最近まで、アラブの牝馬をこっそりと山奥へつれていき、サラブレッドの牡馬に種付けさせて儲けるということが行われていましてね。買い手は、サラブレッドの血が入っていることを知って高い金を払う。そして、それを知らんふりして、アラブとして走らせるんです。カイソウが姿を消したときから、実は誰かが山奥へつれてゆき、アラブに種つけをする〝かくし種牡馬〟になったのだ、という仮説が立てられると思います。何と言っても、ダービー優勝馬ですからね」

もちろん、どこに真実があるか、私にはわからない。ただ、さまざまの人の推理を聞いていると、どれも推理者自身を語っているように思えてくるのである。

「今でも年間六千頭のサラブレッドが生まれています」と言うのは、元騎手の渡辺正人である。「その大半は、ハムかソーセージになっているんです。『肉の値上げの中で、ハムとソーセージだけ価格が安定しているのは、競馬があるからだ』と、中央競馬会ははっきり言った方がいいんですよ。残酷だというけれど、いやがるものを叩いて走らせるのがそもそも残酷です。マグロ、ブタ、トリを食う人たちが、どうして馬を食うのだけが残酷だなんて言えるでしょう。競馬反対論者も、ハム、ソーセージが豊富にあるという点では、競馬に感謝すべきですよ」

「さて、カイソウのことですが…」と水を向けると、「ああ、あれは食糧難の時代ですからね。食べられてしまった、というのが私の想像ですよ」

こうした悲観論をじっと聞いて、かつてはカイソウの騎手だった橋本輝雄はポッリと言った。「あれだけの馬ですからね、幸せな老後だったと思いたいですね。たとえば、連隊長の乗馬として終戦とともに引退し、放牧されてのんびりと余生をすごした、と。それは、推理というよりは、私の願いをこめた想像です」

かつて、中央競馬会の機関紙に「カイソウは何処にいる」という連載小説がのったことがある。筆者は丘雅男という人だったが、もしかしたら、だれかの変名だったかも知れない。それによると、カイソウの馬主は有松鉄三という人で、昭和三十一年の馬主名簿にのっているが、三十七年の馬主名簿では消えているのである。

小説の主人公は、名古屋へおもむく。名古屋師団に引き取られて軍馬になったというカイソウの風聞の真偽をたしかめるためである。そして、そこで、師団長が馬に乗っていたこと、その師団長の名が、岡田資という名だったというところまで探しあてる。どうやら、そのときの乗馬はカイソウだったらしい。そこで、岡田資師団長（当時中将）に逢って話を聞こうと、その消息をさがしてゆくと、「岡田資中将　米軍飛行士殺害事件によって昭和二十四年九月十四日　絞首刑」という事実にぶつかるのである。

カイソウの関係者、馬主も調教師もすでにこの世にいない。謎をとくことができるのは、人々の想像力だけである。カイソウは昭和二十年一月、名古屋空襲のとき、軍用犬、伝書鳩などとともに、火煙の中にとび出し、そのままどこかへ馳け去っていった。どこをめざして走って行ったか、だれも知ることはできなかった。荒廃の戦火の彼方、誰か故郷を思わざる。

アサヒローズ

「嫁して三年、子なきは去る」という諺がある。私の故郷でも、名家に嫁ぎながら子宝にめぐまれぬために離縁され、津軽三味線一本横抱きに、さすらいの旅に出たおよねさんという薄倖の女がいたが、同じような話が競走馬の世界にもあることがわかった。

アサヒローズという馬である。横浜の八束三千子さんの手紙によると、アサヒローズはアラブの牝馬で、名馬セイユウの血をひき、大井で走ったあと繁殖にあがった。ところが、期待を裏切って不受胎がつづき、石女の汚名をうけて神奈川のH乗馬クラブにひきとられた、という。そこで、しばらく初心者用の乗馬として飼われていたが、やがて調教師が交代すると同時にうとまれ出し、とうとう処分されるらしいという噂がひろまった。

アサヒローズによって乗馬をおぼえた今村実代さんという女性が、助命嘆願しているらしい、と聞いたが、その後どうなったかはわからない……そこで私は、このアサヒローズと今村実代さんの消息をたずねてみることにした。たずねあてて今村さんに

話を聞くと、

「アサヒローズはセイユウとアラブ系ニューアサヒメの仔で四十二年四月十五日生まれ。H乗馬クラブの創設以来の乗馬だったが、馬場馬術ができないということで次第に厩舎の馬場につながれていることが多くなり、とうとう昨年の七月、山梨の甲府乗馬クラブへ売られていった」ということがわかった。

もう十二歳の老齢なので、甲府に置いておくのはかわいそうだと、今村さんは買いとろうとした(何しろ、山梨の甲府は馬肉の刺し身バサシの本場でもあるのだ)が、「素人さんには売れない」とことわられた。

それでも心配で、「バサシになるのか?」と追及すると、「信州大学の馬術部にあずけてある」と言われ、とりあえずは安心して帰ってきたという。しかし、何となく心配で信州大の馬術部へ電話してみると、そこにアサヒローズはいないということがわかった。その後、松本歯科大の馬術部にいるときいて問い合わせたが、やはり、そこにもいなかった。

今村さんの耳には「しょせん、競走馬は産業動物だからなあ」と言って笑った甲府乗馬クラブのスタッフの声がいつまでも残っている。それから山梨、長野の県庁畜産科、保健所などでしらべてもらい、ようやく今年の二月になって、アサヒローズの消息がわかった。それによると、アサヒローズは昨年八月に、伊那の畜産会社で殺されていたのである。

「畜産会社で殺されたというなら……」と、私は言った。「ソーセージかコンビーフになったかも知れないな」

するとスシ屋の政は、「今日の昼食ったソーセージが、有名なサラブレッドの肉じゃないと、誰が自信をもって言えるものか」と言って苦い顔をした。「せちがらい世の中だもの」

今村さん、八束さんも、「大学にいると聞いて安心していたけれど」と、それぞれ言ったものだ。

「もし、畜産会社にいるときいたら、ムリをしてでも買いとってやりたかった」と。

私は、アサヒローズという牝馬に会ったことがないから、どんな馬だったかまるでわからない。しかし、初心者用の乗馬になる位だから、おとなしく、やさしい馬だったことだろう。殺したくない、という今村さんの気持ちもわかるような気がする。

そう書いていると、のぞきこんでスシ屋の政が言った。「あんまり感傷的になるなよな。ラーメンの汁に、人間の手首の肉が入ってる時代なんだ。スープのダシを、競走馬の肉と骨からとる位のことで、くよくよしたって笑われるだけだ」と。

コダマ

さまざまな死に方があるものだ。永井荷風は、貯金通帳をふところに「行き倒れ」したし、鳴海清は両目をガムテープでふさがれて密殺された。三島由紀夫は自衛隊員とマスコミの見ている前で森田必勝と心中したし、岡田裕子は人気歌手に絞殺されて、自動車のトランクの中に棄てられた。

マリー・ローランサンは書いている。

死んだ女よりも
もっとかわいそうなのは
忘れられた女です

さて、私が死ぬときには、と自問してみることがある。どんな死に方が一番いいだろうか？

十年前に、「セントライトは、立ったまま馬房で死んでいた」という記事を読んだとき、私は「さすが三冠馬」と心うたれたものだった。馬手がいつものように飼料をもって行き、話しかけても応えがないので、よく見ると死んでいた、というのはどこまでほんとうかわからぬが、男馬らしい礼儀正しい死に方だな、と感心した。「生きてるあいだは、随分と人騒がせなことをやったから……」と私は思った。「せめて死ぬとき位は、人知れず、ひっそりと姿を消したい」

こんなことを書く気になったのは、コダマの話を聞いたからである。去年の夏、サラブレッド血統センターのカメラマン、田口淳一さんがカブトシローとコダマの写真をとりに九州へ行ったとき、吉永牧場で「コダマは死んだ」ということをはじめて知った。五十一年六月死亡というから、もう一年以上たっていた。

田口さんは言っている。「いくら有名な馬でも、仔出しがよくないと悲惨なもんだ、と思いました。コダマが死んだのに、中央にまで伝わってこないんですからね。さっそく、中央競馬会に報告したところ、死んでから一年以上たっているので、競馬会でもびっくりしていました」

コダマといえば、日本競馬史上、忘れることのできない名馬である。ブッフラーとシラオキの仔として浦河で生まれ、京都の武田文厩舎で調教をうけた。デビュー戦であっさりと勝ち、つづく宝塚三歳ステークスでも、片目の逃げ馬ヘリオスを先にいかせてあっさりかわして二連勝。

三戦目の阪神三歳ステークスでもエルムメイジ以下を問題とせずに勝った。四歳になってからも、オープン、スプリングステークスと連勝し、皐月賞、ダービーも一番人気で連勝し、無敗のまま夏休みに入った。

当時の評価は「史上最強の名馬」ということであったが、休みあけのオープンで一敗して連勝は七でストップ。一番人気になった菊花賞でもキタノオーザに敗れて、三冠馬の夢を果せなかった。コダマは、天才型の栗毛馬で、武田文調教師はシンザンと比較し、「シンザンがマサカリならば、コダマはカミソリ」と評したものだった。

五歳になって復調したコダマは大阪杯、スワンステークスを二連勝したあと故障で一年休養し、その後またオープンを二連勝したあと宝塚記念を勝って引退した。天皇賞を使えなかったのは不運だったが、シンザン、メイズイ、カブラヤオーなどと並んで、戦後競馬史を語る上で欠かせない名馬であることはまちがいない。コダマに敗れた名馬はヤマニンモア、シーザー、マツカゼオー、ホマレボシ、タカマガハラ、ゴウユウ、オンワードアゲイン、ヘリオス、リュウライトと数知れない。

だが、種牡馬としては必ずしもめぐまれなかった。活躍したのはダービー四着のサトヒカル、鳴尾記念勝馬のファインローズ、そして桜花賞馬のヒデコトブキ位で、産駒の多いわりに成績にはめぐまれず、いつのまにか忘れられた存在になっていた。

吉永牧場の吉永清人さんは、次のように語っている。「人なつこい、利巧な馬でした。死因はヨウヒでした。北海道から鹿児島へ来たのは四十九年の一月十八日、死んだのは五十一年六月二十七日。行年二十歳。馬が死んだからと言って、べつにどこにも知らせることがないので、コダマのときにもどこにも知らせませんでした」

おどろくことではない。コダマの生まれた年に生まれて、コダマと同じ年に自殺した若者だって、十人以上いるという。他者の死は、かならず思い出に変わる。思い出に変らないのは、自分の死だけである。

シバカオル

ことしになってモリケイという牝馬が、「ゆきずりの情事」をして、私生児を生んだ。私生児はヒヨシマルと名づけられて元気一杯だが、父が何者かわからぬためにサラブレッドとして登録できず、競走馬としてデビューすることはできないらしい。美空ひばりの唄ではないが、

生まれて父の名も知らず
恋しい母に捨てられて

というわけである。

一方、多感な女のモリケイの方は、ヒヨシマルを産みおとすと早々とカムバックして、あっさりと一勝。相変わらず、男馬相手に「やり手ぶり」を発揮している。この、モリケイの場合に比べれば、シバカオルの場合は、いささか不運だった、といえるかも知れない。

昭和四十七年に、タケシバオーとミスオールトンのあいだに生まれ、新馬戦で三着、二戦目であっさりと勝ちあがったシバカオルは、一部では「桜花賞への期待をかけられた」のだが、その後ばったりとスランプになってしまった。

何しろ、デビューしたとき四百四十キロだったのが、いくらレースを使っても、ハードな調教をしても体重がどんどんふえてゆき、「体がしぼれない」のである。所属厩舎の馬手の原田さんはまったく途方にくれて、四百九十キロを超えたシバカオルを競走馬診療所につれて行った。

そして、「妊娠八カ月」という診断をうけたのである。推定すると八カ月前、シバカオルは栃木県黒磯の鍋掛牧場で、「何者かに処女を与えた」ことになる。時期からすると、いよいよ上京のきまったシバカオルが、別れの一本杉のふもとで、残留することになった牡馬と「わかれる前に、一夜をすごした」ということになるかも知れない。一夜といっても、馬は早漏で、十秒ももてば長い方だが……。

ともかく、身重で新馬三着、二戦目で勝ちあがったのだから、何でもなかったら、かなり出世したであろう、と関係者たちは惜しんだ。

では、いったい父の名は何か？　と、さっそく、推理がはじまった。鍋掛牧場では、「ウチでは牝馬と牡馬をべつべつに管理しているので、そんなことがあったとは考えられません」と言う。一時は想像妊娠説まででたが、結局、馬主の小畑正雄氏の「できたことは仕様がない」という一言でケリがついた。そして、シバカオルは、まもなく引退し、繁殖牝馬となった。

もし、出産後カムバックしていれば、モリケイのように走ったかも知れないのに……と惜しまれるが、当時としては「非行少女を戒めるように引退させた」感じもなかったわけではない。そして、問題の仔は、結局死産だった。

月日が流れ、人々はもう「事件」のことなど忘れてしまったが、シバカオルは今年の春から北海道の新冠町競優牧場にいる。

場長の榊憲治さんによると、「ことしは、プロントの仔が生まれました。三頭目の種付けで、やっと丈夫な仔ができて、みんな喜んでいますよ。プロントの一頭目、二頭目は弱くてだめでしたからね。でも、こんどこそはプロントとシバカオルで走れる仔になると、期待しているんですよ」ということである。

「もう、あの事件のことは書かんで下さい……」と榊さんは言うが、シバカオルの方はどうだろうか？　鍋掛牧場にいる、初恋の相手のことをときどき思い出し、結ばれたい、と思ったりすることはないのだろうか？　それとも、あれはただの、若き日のあやまちだったのか？　シバカオルは、何も言わないだけに、余計に心に泌みる。そして、まもなく、また「思い出の冬」がやってくるのである。

ロックプリンス

早稲田大学の学生会館の、薄汚れた二十七号室が私たちのたまり場だった。そこには詩人会と短歌会と俳句会が雑居していて、いつもビールの空壜や、アジビラの屑が散らばっていた。授業にはほとんど出なかった私だが、この部室にはちょくちょく出入りしていた。いつも、長身で痩せた上級生が一人いて、いつも早口でまくしたてているのが印象的だった。

それが、大橋巨泉だった。巨泉は、加藤楸邨の「寒雷」に作品を発表する俳句作家だったが、むしろジャズ評論家として世に認められかけていた。俳句とジャズ、という組み合わせは、伝統と現代という単純な二元的対立の融合ではなく、もっと根深いところで巨泉の内的なリズムを生成していたようだった。

やがて、私は大学を中退し、病院生活、そして賭博、ボクシング、詩といったものへの耽溺の日々におちこんでいった。酒場の女と同棲生活をするようになっていた頃、ひょっこりと新宿のジャズ喫茶「きーよ」で巨泉と再会した。巨泉は白いスーツを着て、「ジャズ評論家」として世に出ており私は下駄ばきで相変わらず風来坊の生活をしていた。

私たちは、ほんの数分、学生時代を回顧する話をして別れた。当時すでに私は、織田作之助の「競馬」の影響で、馬券に手を出していたが、彼はまだ競馬と出会っていなかった。

それから数年たって、巨泉はNTVの「11PM」の司会者となり、遊戯を通して小市民的な日常を活性化する仕事に打ちこむようになった。当然、競馬もやるようになり、持ち前の熱心さで血統を学び、腕をあげていった。その頃、私は公営競馬にユリシーズという馬を一頭もっていたが、ユリシーズは「陽のあたる場所」へ出ることもなく引退していった。

一方、巨泉は良血馬を購入し、近代的な調教で知られる成宮廏舎にあずけるようになった。バーボンプリンスとブルーロックの仔のロックプリンスがデビューしたのは、昭和四十七年だから、六年前のことになる。ロックプリンスは四歳になって未勝利を脱し、二百万下、やまぶき賞を連勝し、すべりこみで出走権を取得し、ダービーに出た。

ダービーで、ハイセイコー、タケホープと競うことになったロックプリンスと、その馬主としての大橋巨泉は、一段と晴れやかなものだった。ロックプリンスは二十七頭立ての二十一番人気だったが、巨泉の素朴な喜び方は好感のもてるものだった。私も、祝儀のつもりで、複勝を一枚買った。レースは、外枠から出たロックプリンスが、中位のままゴールへ流れこみ十一着だった。

しかし、その後のロックプリンスは九戦して一勝しただけで、いつのまにかファンから忘れられて、競馬場を去っていったのである。巨泉は、その後、何頭かの馬をもつ馬主となり、一方のロックプリンスは宇都宮競馬へ売られて、ナショナルボーイと名をかえた。ナショナルボーイは、地方では活躍したが、五十二年にレース中にスジをのばして競走を中止してしまった。本来ならば、殺処分になるところだったが、足利の長島調教師が関係者に頼んでやめてもらった。

一部週刊誌では「あれだけ収入がありながら」と巨泉を冷血馬主扱いしたが、それは事実ではなかった。ナショナルボーイの「定年」を案じ、「二度と走らせることをさせず、余生を安らかにすごしてやるように」心をくだいたのは、「元馬主」の巨泉だったのである。ナショナルボーイは、巨泉の口ぞえで、北関東の馬主から「無料」でいななき会に寄付され、現在は福島県二本松市のセンター牧場で元気にしていると、いななき会の八束三千子さんが教えてくれた。

私は、ウィリアム・サローヤンの「ロック・ワグラム」の一節を思い出しながら、過ぎてきた日々を思わないわけにはいかなかった。

一生ガラクタをひきずってゆく男と、いい鞄をもっていく男とが旅をしている。
二人は気づいていないが、汽車は同じ駅に止まることがたびたびあるのである。

リボッコ

新聞を開くと、イランの回教指導者ホメイニ師が、パーレビ王制打倒に立ち上がるように呼びかけたという記事が出ていた。内乱は再び流血の惨事を引き起こすことになるだろう。

私はふと、私たち天井桟敷をシラーズ＝ペルセポリスの芸術祭に二度も招待してくれた、若く、美しいファラ王妃の運命を思った。もし反政府軍の革命が成功すれば、彼女も王とともに処刑されるかもしれぬからである。ファラ王妃は、正確にファラディバ王妃である。そして「ファラディバ」は、忘れな草の意味であり、私の愛したミオソチスの母馬と同名であった。

だが、ひとつはファラディバ王妃のことを語るとき、彼女の前妻だった流転の王妃、ファラのことを忘れるわけにはいかないだろう。ファラ王の妃として、その美貌をうたわれながら「継嗣(けいし)を生めない」という理由で、離縁されてイランを去った。人々は「どんなに美しくても、子供を生めぬ王妃は追い出される」という宿命に同情したが、いまとなっては「継嗣を生むことによって、王妃の座を守った」ファラディバ王妃が、危機にさらされているのだ。

　こうした名血の流れは、サラブレッドの世界では、妃の立場よりも王の立場の方に重くのしかかる。いい産駒を出せなかった種牡馬は、いつかはファラ王妃と同じ運命をたどることになる。

　たとえば、三億五千万円で購入されたリボッコのことを思い出してみよう。リボッコは、アイルランドダービーとセントレジャーに勝ち、英国ダービーに二着した名馬である。その後フランスに遠征し、トピオの勝った凱旋門賞で三着した。一九六八年にアメリカで種牡馬となり、七六年までに産駒は百七十八勝、その後フランスから日本へと輸入され、種付け料二百五十万という破格の値段をつけられた。

　ところが、四十頭そこそこの種付けを終わったところで骨折し、薬殺されてしまったのである。以前にはしばしば、産駒成績のあがらない種馬を殺して、保険料をもらうシンジケートもあるなどと、口さがない黒い噂を立てる輩もいたが、リボッコの場合にはまったくそんなことはなかった。なぜなら、リボッコは産駒がまだレースに出場する前の事故で死んでしまったからである。しかも死因は「性交の体位が悪く、足を骨折した」というのだから、笑うに笑えない話ではあった。

　タネが消えたあと、リボッコの遺児たちにかけられた期待は大きかったが、結果は思うほどではなく、活躍したのはモンテリボーとトウフクシーザー、それに桜花賞六着、オークストライアル四着のサニーフラワーくらいのものであった。そのほかにもメトロリボー、エースフォーレル、パッシングサカエなどという名も見られるが、こうした馬がどんなふうに大成するか、いまの私には予測できない。ただ、リボッコが死んだとき、週刊誌が、「イヌ死にした三億五千万円の種馬」という見出しで記事を書いたことだけは、いまでも頭に残っている。この記事によると、リボッコの持ち主のエリモ牧場（山本慎一氏）は「バッチリかけたリボッコ号の死の〝保険金〟でまた新しい馬を買う」そうだが、私はなぜか、ファラ王妃のこととリボッコの記憶が重複しているように思われてならなかった。

子なき王妃と、子に能力のない種牡馬。それは名血、名門のほまれが高ければ高いほど、悲劇もまた大きいのである。リボッコの父リボーは十六戦全勝。凱旋門賞に二勝したほか、数々の大レースを勝ち、その産駒からもアメリカ・ダービー馬トムロルフ、凱旋門賞馬モルヴェド、同じくプリンスロイヤルなどの名馬を出している。しかもその産駒（すなわちリボッコの異母兄弟）にも何頭かの米、伊などのリーディング・サイアーを出しているから、リボッコにかけられた期待が大きかったのも、当然だったといえるだろう。

さて、リボッコは死んだが、王妃ファラはまだ生きている。だが、彼女のあすの運命もまた、だれも知ることはできないのである。

ムネヒサ

競馬は、いつも勝てばいいというものではない。ときには負けてよかったと思うことがある。たとえば、私にとってムネヒサの場合がそうであった。

昭和四十二年五月十四日、折からどしゃ降りの雨の中を、私は酒場の女だった久子と二人で府中のスタンドにいた。久子は私と一緒になることを待ち望んでおり、私はそれをこばみつづけていたのである。「もし、きょうのダービーで」と私は言った。「お前の選んだ馬が連勝にからんだら一緒に暮らしてもいいよ」

競馬に知識のない久子は、二十八頭フルゲートの出走馬からムネヒサを選んだ。ヒサという二字が自分の名前だったからであろう。

私はモンタサンの馬券を買っていたが、勝つのはリュウズキだろうと思っていた。ゲートがあくと、メジロフレームがとび出し、途中から中野渡のアラジンがペースメーカーとなった。直線で馬群を割ってアサデンコウが抜け出し、その内からヤマニンカップがとび込んだ。ムネヒサは結局六着であった。私は負けてよかったと思って、ホッとした。久子がいやなのではなく、一人暮らしの気ままさを破られるのが、いやだったのである。

しかし久子はあきらめず、「もう一度挑戦するわ」と言った。「菊花賞まで待っててね」

その後、ムネヒサは日本短波賞でフイニイやアラジンを破って勝ち、菊花賞では一番人気になるまで成長していた。ヒカルメイジ、プルーフという血統。重馬場という条件からいって、当然とも思える一番人気であった。傑出した馬のないその年の四歳馬では、ほかにリュウズキ、サトヒカル、シバフジなどが人気を集めていたが、久子はもう勝ったつもりになって、引っ越しのことや電気釜のことなどを話したりしていた。

しかし、勝ったのは伊藤竹男のニットエイトで、単勝二千四百円の穴。二着はリュウズキである。ムネヒサは三着と敗れたのであった。私は、いささか久子が気の毒になったが、久子はムリに陽気に、「三度目の正直ということがあるから、有馬記念でもう一度挑戦するわ」と言った。私は内心ムネヒサが有馬記念に出場できるとは思わなかったが、それでも「ラストチャンスだぞ」と言ってやった。

久子は不向きの酒場勤めで顔色もやつれており、かわいそうな気もしないではなかった。しかし私は同情がかえってアダになることも知っていたので、冷たくそう言ったのだった。

レースはニウオンワードが先行し、途中からカブトシローが大きく引き離して抜け出した。リュウファーロス、スピードシンボリといった史上の名馬が一団となって、そのカブトシローを追走する展開に、スタンドは騒然となった。非力な四歳馬のムネヒサがグングン上がってきてニウオンワードをかわし、スピードシンボリを抜いて、目のさめるような差し脚で二着に突っ込んだように見えた。一着はカブトシローの楽勝だったが、二着は長い写真判定となった。

久子はもう勝ったような気で、私の腕にしがみついており、師走のからっ風の中で、私は茫然と電光掲示板を見守っていた。やがて二着はリュウファーロスと出た。ハナ差でムネヒサは三着なのだった。久子はテレくさそうに私の腕を離した。顔は笑っていたが、涙が目に光っているようにも見えた。

その後、人の話では、ムネヒサは日本大学の馬術部に寄贈され、元気に活躍しているそうである。その成績もすばらしいもので、昭和四十九年に関東馬術大会の障害飛越競技で優勝して以来、昭和五十年にも全日本学生障害飛越競技及び総合馬術大会で優勝し、五十一年にも同じく優勝、五十二年にも五十三年にもその王座を守っているという。

ムネヒサの恵まれた晩年に比べ久子の方はどうなったのであろうか。有馬記念の日以来、私の前からプッツリと姿を消し、その後、どこにどうしているのか、消息を聞くこともないのだった。

タイプアイバー

シーズンオフになるとスポーツ新聞を賑わすのは、選手たちの契約金の金額である。スシ屋の政やトルコの桃ちゃんの生活からすると「目ン玉の飛び出す」ような金額が、まだ海のものとも山のものともわからぬような高校出（大学出）の選手たちに支払われる。

といっても、もちろん、払われた額面分が、そのまま選手の活躍に比例するわけではない。無名の練習生からホームラン王になるようなケースもあれば、周囲の期待が重荷になってつぶれてしまうケースもある。いずれにしても、それは選手の就職問題ではなく「人間の売買」のような印象を与えるというのが、スシ屋の政の感想である。

同じようなことは、サラブレッドの世界にも少なくない。三億五千万円も出してアメリカから輸入した種牡馬リボッコが、もとをとらぬうちに骨折して薬殺されたときは、さすがに関係者たちもがっくりきたものであった。しかし、当時は「リボッコはもう現役ではなかったからね」と言って自らなぐさめあったものであった。

北海道、早来（はやきた）の吉田牧場の吉田さんといえば、すぐれた生産者として知られており、馬を大切にすることでも人後に落ちぬ方だが、その吉田さんが入手した高値の持込馬タイプアイバーの場合は、いささか違っていた。タイプアイバーは、サーアイヴァーとタイプキャストの仔で、血統から言っても超一流。（サーアイヴァーは四歳で英国の年度代表馬にえらばれた名馬で、ダービー、二〇〇〇ギニー、ワシントンDCインターナショナルなどを勝っている。母のタイプキャストは、二十一勝もした女傑で、七二年度には全米チャンピオン・ハンディキャップ牝馬にえらばれている。二億数千万円で吉田さんが入手したことは有名な話）

サラブレッドの良血交配によって、可能性の限界に挑むというのが生産者の夢である。現在は、ステイヤーとスプリンターとを交配して、中距離レースの多い国内の番組にあった馬を作って実益にむすびつけるという現実的な生産者の多いなかで、数少ない生産者だけがスーパーホースの生産に夢を賭けつづけているのである。吉田さんも、そうした一人であり、タイプアイバーの購入も、そうした夢へのステップだったと言ってもいいだろう。

昭和五十一年十月九日、期待のタイプアイバーは中山の新馬戦にデビューした。たまたま、同じ持込馬のマルゼンスキーと同じレースだったが、マルゼンスキーの華やかな緒戦勝ちから大きくおかれて四着と敗退、その後十一月の府中の未勝利戦でも、出おくれて十一着と敗れて人気を裏切った。マルゼンスキーの連勝記事が新聞に出つづけ、タイプアイバーのことは、いつのまにか忘れられていった。

六戦して全敗、話題の二億円馬が収得した賞金は、総額でわずか四十一万円にすぎなかったのである。こうして、タイプアイバーは未勝利のまま引退して種牡馬になった。輸入当時は一株四百五十万の総額五十株でシンジケートの会員が殺到し、二億二千五百万の高値がついたが、結局はシンジケートの話も流れてしまい「夢のお値段」で終わった。

今年十二頭に種付けをしたが、主な牝馬はテンポイントの母（ワカクモ）の姉のハクユウ、ハーバーミドリ、タニノシルバーなどで、父の名誉挽回を狙っている。吉田さんは「まだまだ〈旅路の果て〉ではありませんよ。〈旅路のはじまり〉です。まあ、生まれてくる仔を見て下さいよ」とほがらかに笑ってくれたが、そうであることを筆者も祈ることにしよう。サラブレッドならば、こうした期待もできる。あと味のわるい野球選手の高値騒動に比べれば、夢の託し甲斐もあるではないか。

ヤマニンカップ

酔えば口をついて出てくる唄がある。あまりはやらなかった唄だが、由布院和子の「わたしの履歴書」である。「惚れた男の行くところそこが私の現住所」というのがサビで、そこから「神戸、大阪三カ月、名古屋十日ですぐ熱海、ここでふられて追いかけた、逃げる男を追いかける」という女心を唄ったものである。

酒場の片隅で、低く口ずさんでいるとスシ屋の政が、「ドサまわりに落ちた馬を追いかけるファンの心情だな」と言って笑った。

そういえばこの唄、「男」を「馬」に入れかえただけで、よくいる公営落ちのファンの心情にぴったりあてはまる。三歳のデビュー戦に買った馬券が的中し、その馬をとことん追って、「馬と一緒に出世して」とうとう晴れのダービー出場。それからおちぶれて公営落ちする頃、東京を食いつめて馬と一緒に姿を消し、あとはその馬の売られてゆくさきざきを転々。「おれの運命、馬まかせ」という男は、結構いるのである。

私は、「女よりも馬がいい」というほど惚れこんだことはないが、さしづめバーテンの林などは由布院和子の唄を地で行った男ということになるだろう。

バーテンの林の履歴書は、

大井さよなら　新潟　高知
ここで見つけて追いかけた
高知　新潟　また高知
風の吹くまま　落ちぶれて

ということになり、それが「惚れたお馬の行くところそこが私の現住所」となるのである。

思えば、バーテンの林は韓国籍で、某大学の活動家として公安にマークされていた男だったが、ふとしたことで「戦線から脱落」し、歌舞伎町のバーテンになった。

昭和四十一年九月二十五日、七回東京の五日目、新馬戦で生まれてはじめて一枚の単勝馬券を買った。馬の名はヤマニンカップ、これといった理由もなかったが、父の名がインド人（ヒンドスタン）、母の名がクイーンスチューリップ（このクイーンスチューリップという名がどことなくフランス革命を連想させる――と、林は言っていた）。当日は雨で、馬場は不良だったが、ヤマニンカップはあざやかにデビュー勝ちをかざった。

その日からバーテン稼業をはじめた林は、「こいつはスタートから好調だぞ」と上機嫌で、当分ヤマニンカップに自分の運勢を占わせるつもりになったらしかった。三歳で四戦二勝したヤマニンカップは、京成杯で連勝馬ホウゲツオーに二着し、弥生賞ではアサデンコウの七着と敗れた。しかし、スプリングステークスでは、当時ナンバーワンの逃げ馬メジロフレームに直線急襲して三着、皐月賞では、その年の実力ナンバーワンといわれたリュウズキと差のない五着と善戦した。「いつもいいところまでいくが、勝てない」というヤマニンカップは、どこか林に似たところがあった。それでも、群雄並みいるダービーでは、内からあざやかに追いこんでアサデンコウの二着にとびこみ、ホウゲツオー、リュウズキ、メジロフレームなどに先着し、底力を見せつけた。その頃が、林の青春のもっとも「陽の当たった時期」だったということになるだろう。

ダービー二着馬という「名誉」のほかには、これといったキャリアもなく、四歳で一勝もできなかったヤマニンカップは五歳に入ってからも不振をつづけ、とうとう一勝しただけで大井から三条へと落ちた。その頃から、林の周辺にも七〇年の激動のゆさぶりが及び、内ゲバに追われるように（林に言わせれば、ヤマニンカップの行く先にくっついて）新宿から姿を消した。

三条で年に一勝がやっと、というみじめな成績をのこしたあと、高知へ流れて連戦連勝したヤマニンカップは、汚辱（おじょく）をはらしに三条へ戻ったが、やはり勝てず、また高知へ逆もどり。とうとう、この南の果てで骨を折って、殺されたという。「おれの行く先を知りたかったら、ダービー二着馬ヤマニンカップの消息をさがしてくれ」と言った林も、その後、どこでどうして暮らしているやら。人の噂にものぼらなくなってしまったのである。

タカツバキ

タカツバキが落馬した日のことは、今でも忘れることができない。それは、昭和四十四年五月二十五日の日本ダービーの出来事だった。西村は、その日まで同棲していた女に手切れ金を十万円渡した。女は、西村と一緒に「最後の競馬」に行こうと言い、西村はしぶしぶついて行った。前日から降りだした雨で、馬場は最悪のコンディションだったが、それでも女はうれしそうだった。

「どの馬がいいと思う?」と、女が訊いた。西村は「タカツバキだ」と答えた。人気は前日まではミノル、ハクエイホウ、リキエイカン、メジロアサマなどに分かれていたが、重馬場になってタカツバキが一番人気になったのである。父シプリアニ、母ニユーフーム という血統もさることながら、抽選馬のたくましさが、良血揃いの他の実力馬をうわまわる人気になったのかも知れない。女はだまって手切れ金の十万円で、タカツバキの単勝を買った。騎手は嶋田功だった。

ゲートがあくと、二十八頭が一コーナーまでの直線の芝の残った「走りやすいところ」をめざして、ダッシュした。内枠のメジロアサマ、タイプリンス、外枠のハクエイホウ、ボナンザが好スタートを切ったため、中枠の馬は、しぼられる形で前をふさがれた。タカツバキは、そのしぼられた数頭の後方で、やや出おくれ気味にスタートし、ダッシュしかけて前をふさがれ（急ブレーキをかけた格好で）ジョッキーの嶋田功は、もんどりうって叩きつけられた。

その瞬間、女はくらくらと目まいがし、西村の腕にすがった。そして、「モトも子もなくしてしまった」のである。同じ日、私もタカツバキの馬券を買って、有り金のこらずスッてしまった。泣くに泣けない思いは、私も西村の女も、同じだったろう。

ダービー一番人気で落馬した、最初にして最後の馬タカツバキは、「やはり、抽選馬じゃダービーは無理」などとかげ口を叩かれた。そして、その後、タカツバキのことを人々はすっかり忘れてしまっていたのだ。三歳で三連勝をふくむ四勝、四歳できさらぎ賞など二勝し、スプリングステークスで二着のあと皐月賞三着し、ダービー一番人気で落馬したタカツバキは、落馬でてっきり薬殺されたものとばかり思っていた。

しかし、どっこい、タカツバキは生きていたのである。その後、五歳で再起して二戦二着一回、六歳でも一戦して二着。とうとう落馬後一勝もできぬまま、人々の記憶から消されていったが、現在十三歳。東北の名もない山で、ひっそりと余生をおくっていることがわかった。いまは、いわき市の水石山観光牧野組合に買われ、種馬としての第二の人生（馬生）をおくっている。水石山観光組合では、水石山頂に四十頭の重半血馬メス馬を放牧し、観光客に見せているが、最近の乗馬ブームで、行楽用乗馬の生産にのりだした。

そして、そのメス馬に、中央競馬会から種牡馬として貸し付けてもらった「タカツバキ」をかけあわせて生産したところ、何と仔馬は一頭三十万以上（他のだと十七、八万円だった）で売れたのである。そこで本格的に「生産」にのりだした組合では、一昨年五月にタカツバキの大量種付けを行ない、十七頭の妊娠に成功した。そして、「サラブレッドの血の入った」仔馬を生産して関係者は万才と叫んだ。それらは調教して乗馬にするだけだというのだが、ファンとしては一頭でいいから競走馬にして、父の無念をはらしてやりたい、という気がしないでもない。

――ところで、西村と女はその後どうなっただろうか？　西村は、ダービーのある夜、良家の娘と婚約を発表し、いまは二人の子の父である。女の方は、タカツバキの落馬以後ひっそりと姿を消し、それ切り消息を聞かないが、タカツバキが健在でいるならば、きっとどこかで元気なのであろう。少なくともそう思いたい。

旅の子の　ふるさとに来て眠るがに　げに静かにも冬の来しかな　啄木

タニノムーティエ

子供の頃、「父よあなたは強かった」という軍歌がはやった。学校へ行くと、同級生たちは「父親自慢」をするのだが、どういうわけか、私はその中に加わるのが好きではなかった。

私の父は、うだつのあがらぬ田舎の刑事で、しかもアルコール中毒だった。私は、父の血がそのまま、子供に遺伝して能力を決定する、と思いたくなかったのである。弱い父と、それを自慢できぬ息子の関係は、私が競馬をはじめてからも、根深い関心としてつきまとった。私は、血統論者に反対し、つねに「弱い父の子が、名門名血の子を負かす」レースに賭けたのである。

と同時に、競走成績がよくなくとも、繁殖成績のいい父馬が好きになった。それは、「競走能力と、父親としての潜在能力が同じものではない」と思いたかったからかも知れない。

たとえばムーテイエのことを思い出してみよう。ムーテイエは三歳時に、三戦して一勝し、四歳になって四戦二勝しただけの馬である。ダービーでは着外で、少なくとも一流の競走馬ではなかった。だが引退して、種牡馬となってからはガラリと変わった。「強い父」になったのだ。一九六二年にフランスで種牡馬になり、その産駒はフランスで八十二勝もあげた。

六五年に輸入されると、七〇年にはダービー馬タニノムーティエをはじめ、神戸杯のニューペガサス、中京記念のゼットアロー、小倉記念のカーチスと、一年目で重賞勝馬を輩出して、あっというまに一流の種牡馬となり、「父よあなたは強かった」と言わしめた。

その後、菊花賞のニホンピロムーテー、天皇賞のカミノテシオ、クモハタ記念のニッショウキングと、つぎつぎとすぐれた仔を送りだした。六九年には三歳リーディングサイアーにもなっている。

ムーテイエの仔の特色は、並んだときの一瞬の切れ味で、目のさめるような瞬発力をもっていた。その大半は、追い込み馬で、逃げ馬がほとんどいなかったのが特色である。特に、その代表産駒のタニノムーティエと、アローエクスプレスとの一騎打ちは、競馬史上まれに見る名勝負として知られるものだった。

当時、ミオソチスの弟で、関東では無敗のアローエクスプレスを応援していた私は、関西で「名もない父」の仔のタニノムーティエなど問題にしていなかった。それが皐月賞では、アッというまに差し切られて敗れたのだ。

私はタニノムーティエの切れ味に息を吞み、新種牡馬ムーテイエという名を、はじめて記憶にとどめたのだった。タニノムーティエはダービーにも勝ち、シンザン以来最強の馬といわれながら、夏に故障し、不振のまま菊花賞に敗れた。

早いものでムーテイエが死んでから、もう三年になる。やがて、その仔たちが出つくしてしまうと、その直仔は競馬場から姿を消すのである。日高のスタリオンステーションで現役では、タニノムーティエをしのぐ馬が出そうにないが、血をひきつぐのはタニノムーティエの仔たちだ。タニノムーティエの仔が、ムーテイエの栄光を引き継げば、まだまだ「旅路」は果てることがない。ムーテイエは十九歳で死んだが、タニノムーティエが、その年になるまでは、まだ七年はある。この血に、期待をかけて見守りたいものだ。

ハクマサル

エリザベス・テイラーの『去年の夏突然に』という映画は、今でも頭にやきついている。夏の海岸に、いかにも男の目をひきつけるような薄物の水着を着た若妻（エリザベス・テイラー）を連れて歩く男は、男色家である。彼は、妻をオトリにして集まってくる若い男を連れ帰り、自分が犯してしまうのだ。

私はこの映画を観ながら、「ああ、リズがアテ馬を演じているのだ」と思った。性的に倒錯しているのは原作者のテネシー・ウィリアムズのせいであって、彼女が「アテ馬」役であることは、まちがいない。そして、アテ馬の狂おしいまでの悲劇性は、この映画でも鮮やかに描かれていたのであった。

ふつう、サラブレッドの世界での「アテ馬」は、セックス・アピールの強い馬で、しかも、種牡馬としての能力のない馬に限られるようである。近ごろでは、性能力の衰えた夫を活性化させるために、3Pといって三人目の女を加えて刺激を倍増させたり、三人目の若い男を加え、自分に代わって妻に満足させたりする性生活が人間社会でも流行している。

しかし、サラブレッドのアテ馬の場合は、つねに快楽に加わることが許されない。その気のない繁殖牝馬のすぐそばで、ピカピカにみがかれた肉体、勃起した男根を見せびらかす。そして、牝馬がようやくその気になったところで杭に手綱をくりつけ、皮の靴をうしろ足にはかせる。興奮して、暴れないように鼻ネジをかけることもある。

準備がととのったところで、ほんものの種牡馬（たいていは老馬。すでに性的魅力のなくなった良血馬）があらわれ、「種付け」をする。アテ馬の方は、それを遠目に見ながら、欲望のハケ口もないままで、連れ去られてゆくのである。

モスボローの仔で、デビュー当時は「ダービー馬」とさわがれたハクマサルが、引退後アテ馬になったことは、あまり知られていない。

しかし、新馬、条件と二連勝し三戦目の桃花賞でアンタレスの二着、十カ月休養後また二連勝した非凡な能力をもちながら、その後足を痛めて再び九カ月休養、出るたびに期待を裏切りつづけて、ついに七歳で引退したハクマサルは、当時「不運の名馬」と言われたものであった。その後、北海道新冠の中央牧場で、種馬になることが決まったが、重賞もとっていない内国産馬だけに一年に二、三頭の申し込みがあればいい方だったという。

そして、とうとう、ハクマサルはアテ馬生活をするようになったのである。ホストクラブのホストでもないのに、めかしこんで牝馬を催淫するしがない暮らし。ハクマサルにとっては、思いがけない、つらい日々だったろうと、思われる。

血統センターの話では、そんなある日、一人の馬喰がやってきて、「種牡馬にするから」と言って百万円で買っていったという。

だれも、ハクマサルのアテ馬時代のことは語りたがらないが、ともかくハクマサルは、売られていったのである。

そして、一年後、血統センターの社員がこの馬喰に会って聞いたところ、馬喰は答えた。「あああの馬ね、あれは、種馬にせず、肉にしてしまったよ」

死亡は五十二年七月。その後、五十年生まれのヤマタツオーという馬が四歳の春にカンパーリ以下を破って華々しくオープン入り。この馬の父は何だ？　と調べたら、ハクマサルだとわかった。

種牡馬としていけそうだ、と関係者たちが色めきたった頃、すでにハクマサルはこの世にはいなかったのである。

シュバールブラン

どういう筋書きか忘れてしまったが、十七、八年前に『名もなく貧しく美しく』という映画があった。地位も名声も、そして財産も求めない一組の聾唖(ろうあ)者の夫婦が主人公で、ヒロインを高峰秀子が演じた。それ以来、「名もなく貧しく美しく」というのが流行語になったのは、今でも忘れられない。

バックストリート・ビジネスマン、すなわち、裏町稼業の無名の若者たちは「陽のあたる場所」を求めては夢を破られ、そのたびに負け惜しみのように、「なあに、名もなく貧しく美しく、さ」と言ったものだ。

同じことをサラブレッドの世界にあてはめると、つねに重賞勝ち馬のように「名をあげ稼いでのたれ死に」の名馬の不幸とは別に、ひっそりと片隅の幸福を味わっている馬もいるのである。

花と咲くより踏まれて生きる
草の心が俺は好き

というわけだろうか?

フォルテイノとマツノミドリの仔として生まれたシュバールブランは、その名のように芦毛(白馬)で美しかったが、「名もなく貧し」かった馬である。

京都の新馬戦で、福永洋一が乗ってデビューしたが、千四百メートルを一分二十六秒七というタイムで惨敗。二週後の新馬戦では、ほんの少しタイムをつめて千四百メートルを一分二十六秒一で三着。三カ月後の阪神の未勝利戦では「こんどこそ」の期待を裏切って十一着と敗れてしまった。

こうした「名もなく、貧しい」牡馬は、種牡馬になれないから当然、馬肉の罐詰にでもされる運命なのだが、「美しさ」が身を救って北海道大学に買い上げられ、馬術部の乗用馬となった。

同じ頃、馬術部に買い上げられてやってきたもう一頭の馬ヤマニンミヨコもやはり一勝もできなかった「名もなく貧しい」馬である。ヤマニンミヨコはアステックとヤマニンザザの仔として生まれたが、デビュー戦では十一頭立ての十一着、二戦目も七頭立ての七着と敗れて、競走馬としての将来性に見切りをつけられた。そして、北海道大学の馬術部で、シュバールブランと「同棲」することになったのである。

私は、シュバールブランとヤマニンミヨコの生活が、映画『名もなく貧しく美しく』の中の、高峰秀子と小林桂樹のように、つつましく心あたたまるものであるかどうかは、見たわけではないから何ともいえない。しかし、いつもサラブレッドの名馬の「旅路の果て」の陰惨な話ばかり書いていると、こうした無名の馬の幸福な晩年の話には、思わず胸があつくなってくるのだ。

人間、さまざまな晩年をもつように、馬だってさまざまな余生をもつ。「名馬必ずしも、晩年幸福ならずだよ」と、夜泣きソバ屋の田崎の親父や、夫に逃げられてガンバッているホステスのきみえさんなどの肩の一つも叩いてやりたくなるのであった。久しぶりに、今日は私も、おふくろに手紙でも書いてみることにしようかな。

メイズイ

ちるさくら海あをければ海へちる

高屋窓秋の句である。私は、この句が戦没学生の青春を詠んだ句であるかどうかわからぬが、ただの花鳥諷詠ではないような気がしてならない。

それにしても、「海青ければ海へ散る」というのは、美しい散り方ではないか。それにひきかえ、人知れずひっそりと散るさくらもあるのだ。

昨日、旧友から届いた一通の手紙の最後に、こう書いてあった。「メイズイが昨年の夏、死んだのをご存知ですか？　新聞の片隅にも出ませんでしたが、美しい馬の不遇な晩年というのは、何か胸にせまるものがありますね、草々」

私は驚いて問い合わせてみた。そして、メイズイが神経痛で死んだことを知ったのである。

メイズイは、史上もっとも美しい馬であった。五年前に、私が競馬ライター六十九氏に、「今までで一番美しかったサラブレッドは何だったと思いますか？」と質問状を出したときのナンバーワンだった。

作家の遠藤周作、古山高麗雄、佐野洋、虫明亜呂無氏らから、大橋巨泉、宮城昌康、笹川忠、大島輝久氏ら。そして大川慶次郎、伊藤友康、山中将行氏らと、競馬について一家言のある人ばかり六十九氏の回答をいただき、その中で圧倒的に一位にえらばれたのが、メイズイだったのである。（メイズイ二十五氏、二位ニホンピローエース十九氏、タカマガハラ十七氏、以下キーストン、ミオソチス、スピードシンボリ）

メイズイはゲイタイムとチルウインドの仔の栗毛馬で、新馬、特別と三連勝し、四戦目の東京記念でグレートヨルカに二着したあと、皐月賞、ダービーをふくんで五連勝。史上最強といわれて、三冠必至と思われていた。

事実、騎手の森安重勝も、菊花賞前に、「敵はレコードだけ」と豪語し、競馬会でも三冠カップをつくっていた、といわれる。

スタートするとメイズイは、他馬を大きく引きはなし、十一・七、十一・五というハイペースで、二着以下を百メートル以上引き離してしまった。ところが、三角で突然バッタリとスピードが落ちて、直線では見る見るうちに差がつまって、二着のグレートヨルカにあっさりとかわされて、三冠の夢破れてしまったのだ。

当時の見方は、「メイズイの血統が長距離不向き」という意見と、「森安重勝のペース配分のあやまり」という意見に大きく分かれ、そのあと保田騎手（現調教師）に乗り代わられることになった。保田の乗ったメイズイは、そのあとクモハタ記念で楽勝したが、有馬記念二千六百メートルで「二千四百をすぎて、バッタリとスピードが落ちて」リュウフォーレルにかわされ、二着と敗れた。そして、血の宿命に泣く名馬と評価され、春の天皇賞でもヒカルポーラに差されて敗れた。

昭和四十年、引退したメイズイは種牡馬となって浦河へ行ったが、八年いたあと三石へ移り、そこでも二年、旅路の果ての地は青森の浜中であった。種牡馬としてのメイズイは、他の内国産馬と比べてパッとしたものではなく、重賞に勝ったのは孫のハシコトブキ（メイズイの仔のコウセキとシンザンとのあいだに生まれた）と、トキノキンザン位のもので、あとはオグラパール、アラヒメ、スノードーター、アオイテンザンと、ほぼ無名に近い馬ばかり、晩年は「アラブ用の種馬」になっていたという。

浜中牧場の浜中幾次郎さんは、次のように語ってくれた。

「メイズイは、神経痛で立てなくなりました。腰がふらふらでしたね。それでも、うちにいるあいだもファンが来ましたね。〈メイズイを守る会〉なんてできまして、仔は走らなかったが、しあわせな馬だったと思っています。フェアーウインと同じ墓地に埋めてありますよ。遠く京都から、お墓参りに来てくれる人もいますからね、ありがたいものですよ」

美しい名馬の冥福を祈ろう。合掌。

ウイスカー

また卒業のシーズンがやってきた。赤ちょうちんで乾杯し、「別れも愉し」などを唄い、残る者と去る者とに分かれる。
「あと一年、東京にふみとどまって、売れない詩でも書いてみるよ」と言うやつもいれば、「故郷へ帰って、田舎教師にでもなるか」と、しんみりするやつもいる。

田も畑も売りて酒のみ
ほろびゆくふるさと人に
心寄する日

と歌っている。ほんとうは、故郷へ帰ってもろくなこともないのに、負け惜しみで東京を捨ててゆくやつもいるのである。同級生の中沢も、そんな一人で、私の競馬友だちであった。ワイルドモアの勝った皐月賞で、ウイスカーを買って大損したのが、いまでも印象に残っている。

ウイスカーはニンバスとカネフヨウの仔で新馬勝ちがあざやかな馬だった。四歳の春に、菜の花賞でドウカンオー以下に勝ち、つづくカトレア賞でニシキオールに惜敗し、オープンでダイシンボルガードと好勝負した馬だったが、皐月賞では二十着と惨敗した。それから十カ月休養して、同期のハクエイホウ、ミノル、ダイシンボルガードらに大きく水をあけられ、七歳で田舎へ売られていった。

その頃、中沢もまた「公営落ち」するように、東京のアパートを引きはらって、郷里へ帰っていったのである。私は、彼が「帰郷する」と言わずに、「ウイスカーする」と言ったのが、妙に心に残った。中沢は、ウイスカーと同じように、岩手へ帰っていったのだが、岩手の公営といえば、老雄チャリングスタンがレース中に死んだことや、ニウオンワードが一度も走れないまま農家の庭先で死んでいった、という話で知られている。

だが、田舎からきた中沢の便りは、私の心配をよそに、元気そのものであった。

「こっちへ帰ってからは、何もかもうまくいっている。最近は、タイプ印刷屋のほかに、スナックまではじめて、みんなにマスターと呼ばれているよ。東京の、あの汚れた空気に比べれば、こっちはまるで別世界だ。そういえば、ウイスカーもこっちで種牡馬になって大成功だよ。何しろ、岩手へ来てからは走るたびにレコードを出し、重賞もいくつか勝ったそうだ。そのレコードは記録として残っているというから、たいしたもんだよ」

私は、地方でやっと花を咲かせた中沢のために喜んでやりたかった。それに、七歳になって障害の未勝利を三戦し、落馬して地方へ売られたウイスカーの大活躍の話も、胸のすくような思いがした。

しかし、それはうそだったのだ。郷里へ帰った中沢は、新しい事業に手を出しては失敗し、借金だらけになって、とうとう詐欺を働いた——ということがあとになってわかった。だから私にくれた便りも、せい一杯の見栄と虚勢で書いたものなのであろう。

ウイスカーも、引退して五十一年には六頭ほど種をつけたが、五十二年には申し込みがゼロだったという。そして、とうとう五十三年には知人が連れていった、——と、牧場主の中村市太郎さんは言うのだが、その知人の名を聞こうとすると、ことばをにごして、知人もまた、他の知人にあげたらしいですよ、という返事だった。要するに、ウイスカーもいまは行方不明なのだ。

私はふと、啄木の歌を思い出した。それを中沢の歌だと思うのは、あまりにも残酷だと人は言うだろうか。

我と共に

栗毛の仔馬走らせし
母の無き子の盗癖(ぬすみぐせ)かな

フジノオーとタカライジン

フジノオーとタカライジンの対決が、日本競馬史上最大の名勝負だったことには、だれも異論をさしはさむことはないだろう。

二頭は四千百メートルの中山大障害のコースを、ほとんど銅貨の裏と表とのようにぴったり並んで走ったものだ。それは、スタンドから見ていると「一頭しか走っていない」ほど見事に、足並みまでそろっていた。三度の宿命の対決で、三度とも直線は同じ展開だったのである。

当時、私は二頭を次のように比較して書いた。

「どちらかというとタカライジンは、天才少年である。ライジングフレームの血をひく細身の神経質そうな馬で、もって生まれた飛越の才能は、他馬の追従を許さなかった。はじめて中山大障害に挑戦するまで八戦全勝。しかも、いずれも楽勝であった。

一方のフジノオーはブリッカバックの仔で、ずんぐりむっくりした体型。中小企業の親父のような逞しさを持っている。障害入りして三戦目で未勝利を脱し、その後二敗、一勝して落馬。中山大障害までに十四戦して三勝。落馬二回という成績だった」

ところが、本番では二頭ぴったり並んで直線に入り、あと百メートルのところからスパートし、ゴールでは四分の三馬身の差でフジノオーが先着した。タカライジンの勝ちを疑わなかった私は、まったくおどろいてしまった。それまで無敗（しかもフジノオーにも勝っている）の天才馬が、フジノオーに敗れるとは信じられなかったからだ。

その後、タカライジンはふたたび四連勝し、苦手のドロドロ馬場を六十四キロのハンデで二着したあともフジノオー以下に三連勝、絶好のコンディションで中山大障害に再挑戦した。

一方のフジノオーはその後三連勝したあと、タカライジンに二度敗れていた。だれが見ても、タカライジンの切れ味は、障害馬史の最強であり、一方のフジノオーは努力してのしあがってきた馬である。

こんどこそはタカライジンの勝ちだと思われたものだ。ところがレースは直線までぴったり並んでゆき、百メートルのところから差がついて、フジノオーの一馬身半差の勝ちとなったのだ。三度目の対決前に、私はタカライジンの騎手の長池と、フジノオーの騎手の横山に会った。長池はビデオを観ながら飛越を研究していた。前二回は、やや重だったので、ライジングフレームの仔のタカライジンには向かなかったが、こんど良馬場なら、絶対に勝つ、と言っていた。

一方の横山は、大下八郎の「おんなの宿」のレコードを聞きながらごろ寝していた。そして中山大障害の日はカラリと晴れあがって良馬場となった。三度目のタカライジンは一気に逃げの手に出た。ぐんぐんと差をつけてゆくタカライジンを、フジノオーが追いかけるという展開になったが、直線ではまるでフジノオーがくるのを待ちうけているようにタカライジンはピッチをおとし、二頭はぴったりと並んだ。そしてゴールではやっぱりフジノオーが一馬身四分の一だけ先着していたのであった。天才少年が、人生経験ゆたかな中年男にしてやられた、といった印象だった。それとも、タカライジンは、フジノオーに惚れていて、中山大障害だけはいつも先着を許したのか？　タカライジンは不世出の名馬といわれながら、中山大障害を一度も勝てぬまま、七歳で世を去った。

一方のフジノオーは、その後も中山大障害に六十七キロを背負って出走し、フジノチカラ、テンセイ、ミスハツクモらを一蹴して四連勝をなしとげた。そして、障害の檜舞台ともいうべきグランドナショナルに遠征したが、七六・二という極量を負わされて、十五障害でレースを中止してしまった。これは遠征上のさまざまな不利を考えれば仕方のないところであろう。

しかし、翌年フランスに転戦したフジノオーはアンギヤンでレーヌ賞を勝ち、コンピージュでクリスチャン・ド・レルミット賞に勝ち、面目をほどこした。この不世出の名馬は現在は北海道浦河の不二牧場にいる。二十一歳。もう種牡馬としてはムリだが、それでもなかなか元気だということであった。

アキリュウ

あき子は片目が見えなかった。

それで、ホステスをやっていても、なかなか客がつかない。口ぐせは、「あたしの片目は流れ星」というのであった。

「男の片目は、かっこいいけど」とあき子は言った。「女の片目はさびしいわ」

たしかに、トランプでも片目のジャックはしゃれ男だし、森の石松も、海賊船長ジョン・シルバーも片目だ。だが、片目の女が活躍するという映画は観たことがない。

「ウインクしっぱなしだと思えばいいじゃないか」と言ってなぐさめてやっても、どこか空々しさが残るのである。

そのあき子もスタンダードという馬が活躍していた頃は元気がよかった。何しろ、スタンダードもあき子も、同じく三月八日生まれで、どっちも片目だったからである。

ヒンドスタンとハイヌーンの仔として生まれたスタンダードは、三歳で五勝し、最優駿牝馬にえらばれた。桜花賞では一番人気で一枠一番。あざやかな逃げ切りと期待されたが、スタートでつまずいて、ホワイトダービーにかぶせられ、ずるずると後退してしまったのだ。その後、スタンダードは自分の片目を気にするようになり、他馬をこわがるようになった。五歳になってからは十戦して、一勝もあげていない。そして、とうとう五歳の夏の福島のオープン戦で、四コーナーまでトップに立っていながら、外からあがってきた馬をこわがって、大きく内によれて柵に激突した。片目でなければ起こらないような事故だったが、スタンダードはすぐに薬殺されてしまったのである。あき子の落胆は大きかった。それは「じぶんが一度死んだようなものだ」と言い、事故のあった七月二十六日を「片目の命日」と呼ぶようになった。

それからまもなく、競馬会では目の悪い馬の出走登録を認めなくなったので、「あき子のかわりに走る馬」もいなくなってしまった。と、思っていたら、アキリュウの仔があらわれたのだ。カバーラップ二世とシンセイのあいだに生まれたアキリュウは、スタンダードと同じ時期に走った片目の馬だった。

もっとも、スタンダードのように早熟ではなく、四歳になってからデビューし、三勝し第一線におどり出た。オークスでは二十一頭立ての十九着という成績だったが早々に引退して、繁殖生活に入った。そして、現在も北海道の吉田牧場で元気にしているのである。繁殖馬としては、トサミドリとのあいだにスミタフクジュを、オーシヤチとのあいだにアイアンハートをつくった。アイアンハートが、カブトヤマ記念を勝っているから、成績は「片目の馬としては立派なもの」である。

この話を聞いたときのあき子は大喜びで、「まあ、アキリュウが元気で子育てごっこをしてるなんて」と言った。「あたしも、ニンシンしていい子でもつくろうかな」というわけである。

そして、器量に自信のないあき子には、まだまだ「アキリュウなみの幸福」など、手に入れられそうもないのである。だが、子供をつくるには男が必要だ。

「ああ、アキリュウね。まだ、片目のままですよ。吉田牧場では、次のように語ってくれた。

って、子供も生まれにくくなっていますね。年も年だしね。それでも、元気は一杯ですよ」

私はあき子に言ってやった。おれたちには芝草の牧場よりも、ネオンの牧場の方が似合うのさ、と。生きていりゃ、そのうち、きっといいことだってやってくる。

競馬無宿人別帖

こんな女に誰がした

泣けて涙もかれはてた
　こんな女に誰がした

　酔っぱらうとすぐに「星の流れに」を歌うキャバレーのホステスのケメ子（本名晴美）さんは、小肥りのかわいい女であった。競馬歴は、たった二年。その前は、競馬をキョウバと発音したり、騎手をキテと読んだりする位で、まったく何も知らなかったという。おととしの暮れに、ひょんなことから一緒に暮らすことになった男が競馬狂で、週末になると赤鉛筆片手に新聞とにらめっこしているのを見て、馬にヤキモチをやいたりした。

　男は与一という名で、ケメ子さんのアパートへころがりこんでからも、自分の過去については、ほとんど語らない、無口な男だった。「組関係の人」なのか「学生運動をやってた人」なのかもわからなかったが、それでもたのしい同棲生活で「あの人のシャツや下着を洗ってるときが一番しあわせだった」とケメ子さんは回想する。ところが、その与一という男が去年の四月に突然、蒸発してしまった。朝、ふらりと煙草を買いに出たまま、帰ってこなかったのである。ケメ子さんは、一週間待ってから警察へ届けたが、消息はなかった。

そこで、もしかしたら競馬場へ行けば会えるのではないかと思って中山へ行ったのが、競馬をはじめたきっかけだという。ちょうど、その日は皐月賞のある日で、スタンドは超満員で「とても、人を探すような雰囲気ではなかった」。ボケッとして坐ってると、ふと馬券を買ってみようかという気になり、七レースの連複を一枚買ってみた。与一だから④と①である。レースは④のヒメタカブが勝ったが①のロスフェリスが全然だめで、千円損をした。それでも、④のヒメタカブが勝ったときは「与一さんの片足をつかまえたみたい」でうれしかったという。つづく皐月賞にもう一度④と①で買ったら、こんどは④のカブラヤオーというへんな名の馬が楽勝し、二着が①のロングホークで④―①で三・六倍。三千六百円もうけたが、お金よりも、うれし涙が出てきた。与一の名で、じぶんにお金が入ったということがうれしかったのだ。それから、ケメ子さんは大レースのときは必ず出かけるようになった。もしかしたら、穴場でばったり与一に会えるかも知れない、という期待もあったが、いつのまにか競馬ファンになってしまっていたのだった。

ダービーの日も出かけた。一番人気のカブラヤオーは、皐月賞と同じ④だったので、かならず勝つような気がした。①はハーバーシンセイとホシバージとトップジローの三頭。柴田政人と郷原なので、何とか勝てるような気がしたが、結果は関西の馬が二着に来て④―③だった。その日は朝から一度も①―④がなく、ケメ子さんはスッカラカンになって帰り、アパートで一人で酔っぱらって泣いた。

それから、ケメ子さんの④―①（つまり①―④）狂いがはじまった。とにかく競馬場へ行きさえすれば①―④を買う。人気があってもなくても①―④だけ。菊花賞はロングホークとハーバーヤングで、人気になっていたので一万円買ったが、結局は②―⑥でダメ。天皇賞も④のフジノバーシアが一着に来たのに、①のキクノオーが四着に敗れた。

秋の終りごろ、与一から（らしいが、たしかではない）一枚の葉書が来た。「体に気をつけて、お元気で」というだけのありきたりのものであったが、ケメ子さんは何べんも読み返して枕の下に入れて眠った、という。年の暮れに引っ越しした先も、住所に四一（与一）というのが入ってるのが気に入ったからだった。

十二月に入っても①―④という馬券は、なかなかなかった。有馬記念も④キクノオー、①トウコウエルザで、大声で応援したが力およばず六着と九着。それでも、二十日の冬至特別で、久しぶりにビューテイゼアとファイブクレスビンで①―④、千二百九十円と配当がついたときは、大喜びで、店の女の子たちみんなにおごってやったという。さて、与一さん、この原稿を読んだら、ケメ子（晴美）さんのことを思い出してやって下さい。彼女は今でも独身で、いつかふらりとあなたが店を訪れてくるのを待っているそうです。

子連れ狼の詩

転べば折れそな　お馬の脚に
賭けた勝負を笑わば笑え
生まれは遠州浜名湖育ち
人も知ってる　俺らは馬キチ

これは、クズ屋の義さんの書いた詩である。吹けば飛ぶよな、将棋の駒に——という「王将」のメロディで歌うと胸にジンとくる。何しろ、明治四十四年生まれの七十二歳。競馬歴実に四十年というから、「競馬無宿人別帖」の中でも、大物中の大物ということになるだろう。義さんは、軍人の四男坊として生まれたが、生まれてすぐ勤人の家にもらわれてゆき、そこを自分の家として育った。

小学校へ入った年に、育ての母に連れられて汽車に十時間も乗って生家を訪ねた。生みの母に、成長した義さんを見せるためと、義さんに事実を教えるためであった。思えば、そうした義さんの生い立ちは、競走馬とどこか似通っていた。

学校卒業後、満鉄に就職、そして徴兵検査、入隊、除隊、結婚。競馬をはじめたのが、昭和十二、三年頃の大連の競馬場である。満州での望郷の日々が、「なぐさめか気安め」に馬券を買わせたのである。昭和二十年、終戦とともに満州から引揚げ、まもなく妻に死なれ、小学生の長男と、入学前の長女をかかえて「子連れ狼」となり、競馬以外にたのしみもなく、以後の三十年をクズ屋人生として過ごしてきたのであった。

あの目この目の　思案を胸に
破れアパート　去年も暮れた
愚痴も言わずに　娘の博子
つくる笑顔が　いじらしい

義さんの必勝法は、単複中心ということである。人気馬に死角のあるレースをえらび、バラ券を五点から八点買う。この穴狙いで、ほぼ九十パーセントに近い回収（投下資金に対する）を得てきた、というから二十五パーセントの控除率を考慮に入れると、十五パーセント程度の黒字ということになる。

好きな馬というのはない。（大体、馬を好きになってしまうようでは、競馬のギャンブラーとしては失格である。冷静に、勝つ馬を推理するためには、好きな馬やきらいな馬を作らないようにすることが大切なのだ）しかし、好きな馬はなくとも、印象に残っているという馬ならある。たとえば、もう誰もが忘れてしまっているアラブ系のイキノマツ、という馬である。この馬は、満州から引揚げてきて、生まれてはじめて行った中山競馬場のアラブ系のレースに出ていた。

流浪の果てに出会った馬一匹。どう見ても、イキノマツが勝つような気がしたが、無印で人気が全然ない。買おうかどうしようか、と、さんざん迷った挙句、帰りの電車賃がなくなるのを覚悟で、「えーい」とばかりバラ券を一枚買ったら、それがブッちぎって逃げ切りの一着だった。義さんはとび上がって喜んだ。あっ、本国でも、何とか生きていけそうだ、と自信をつけてくれた意味で、イキノマツは恩人だったといううことになるのかも知れない。それから、ずっと、競馬だけは欠かさずやってきた。

万馬券も四、五回とったが、大井の下級馬のレースで五点買った中の一枚が「三万三千とんでいくら」かというのが、今までの一番の大穴である。裏町人生、クズ屋、バラ券、人気のない馬——とさびしいお話ばかりのようだが、七十二歳にもなって元気だけは一杯だ。

「何しろ、三十年このかた健康保険を使ったことがない」のである。そのうち、金をためて英、米のダービー、フランスの凱旋門賞見物にゆくのが夢というアパートの一人ぐらしの男やもめ、万万歳だ。では、一緒に義さんの作った歌詞で、みんなで合唱することにしよう。

明日は府中に　出てゆくからは
何が何でも　勝たねばならぬ
二時に売り出す　前夜版見て
俺の闘志が　また燃える

お金をちょうだい

別れる前にお金をちょうだい
あなたの生活(くらし)に
響かない程度のお金でいいわ

キャバレーのレジに腰かけて、ぼんやりと美川憲一のこの唄を口ずさんでいるタマエさんは、ことし四十八歳である。

ふりかえってみれば波瀾の多い人生であった。スターを夢見て女優志願、演出家との恋、その演出家の死、そして医療器のセールスマン、ホテルのフロント、最後は水商売。次第に人間が信じられなくなり、「頼りにできるのは、猫と数字だけ」という生活になってしまった。

毎週馬券は必ず欠かさず買うが、馬にはまったく興味がないという競馬ファンの変りだね。それでいながら、見たことのない馬について、競馬記者よりもくわしく予想するという霊感派である。毎週日曜日の朝、猫のための食事を作ってやってから馬場へ出かける。「馬券を買う」のではなく、自分の「運命を買う」ためにである。

この年になって一人暮しは、さみしいわね。と、自分によく似た名前の猫のタマコに話しかけていたが、そのタマコがポンタとポンコを生んで死んだ。そして、ポンコも死んで、今ではポンタが一匹いるだけである。ポンタは、タマエさんが競馬場へ出かけるとき、悲しそうな目をする。それでも、タマエさんは、「競馬だけは、欠かさず出かけた」のである。

「いまは、運命学を研究してるのよ」と、タマエさんは言う。「馬は走り出してから運命にあやつられるのではなく、走る前に、枠順が決まったときにその日の運命がもう決まっているのね」

つまり、不運だったタマエさんの半生も、生まれる前からすでに決まっていたのだ、ということになるのだろうか。

子供の頃、父に連れられて、よく競輪場へ行った。父は出目と数のジンクスだけに賭ける男だった。タマエさんにも、その影響が強くあるのかも知れない。

「あたしの必勝法は、そのレースに関係のある数を全部からめて割り出す独自の方式なの。

たとえば第十回中山なら10は1と0を足して、1と計算するの。それが二月一日なら、2と1を足して3。14頭立てだと1と4で5。まあ、こんな方式で、数が3、4、

5、6とつづいたレースはゾロ目がでるの。それを発見したときのうれしさは、ちょっと人には言えないほどのものだったわ。もっとも、ゾロ目じゃないレースにも、数による必勝法があるんだけど、ここでそれを言ってしまうと、配当が安くなってしまうから、教えられないけど、ほんとなの」

「大分あてましたか?」と訊くと、タマエさんは「ええ」と胸をはった。「たまに、数字の計算をなまけてやると外れるけど、ちゃんとやると必ず勝つわ」

それだけ、必勝法を知っていながら、タマエさんのアパートは貧しい。縁があって、六十六歳の未亡人と一緒に暮らしはじめたが、まもなく未亡人は骨折して入院し、また猫との味気ない二人暮しに戻ってしまった。

裸電球が一つだけともっている。

ひとりだって生きていけるわ
お金をちょうだい

アメリカの作家ウィリアム・サローヤンの競馬小説に、生まれてから一度も馬券を買ったことがないのに、レースが終わると必ず「とった! とった! 当たったぞ」と言いながら駆けてくるじいさんが出てくる。だれもが、そのじいさんが馬券を買っていないことを知っているが、皆、じいさんの心を傷つけまいとして「よかったね」と言ってやる。

タマエさんの必勝法も、私にはよくわからぬものだが、それでも、「これがたのしみで生きている」のだというから、無理矢理教えてもらうのはあきらめよう。

「いいことってのは、偶然にしか起らないのね」と、タマエさんが言うのを聞いて、私は古い小説の一節を思い出した。「偶然でもいいことがある奴はしあわせさ。世の中には、偶然のない人生ってのもあるのだから」

ロマンでメシが食えるか

渋谷宇田川町の裏通りに、ちょっと変わった焼肉料理屋がある。毎週、土曜の夜に店頭に、「明日のおすすめ。当店主人の予想」というのが貼り出されるのである。

通りがかりの客は、メニューかと思って近づくと、馬の名前なので、びっくりする。店の名前は〈ダービー苑〉。主人の杉さんに言わせると、「あたしは馬が好きだからね、焼肉料理〈馬〉としようと思ったんだけど、お客さんが馬の肉かと思って近づかなくなってしまうと困るので、〈ダービー〉に変えたんだ」ということであった。

この杉さん、競馬歴二十年。その哲学は「競馬は絶対もうかる」ということである。昭和三十二年頃、一万円持ってはじめて競馬場へ行き、六百万円持って帰ってそれから病みつきになってしまった、ということであった。それから、狙いはいつも一獲千金大穴型。好きな馬は、ギャロップ、ホワイトフォンテン。

「去年の日経賞のとき、大勝負しようと思って、穴場の女の子に札を見せて、『④—⑧百万円！』って言ったんだ。そしたら女の子が、『④—⑧ヒャクマイですか？』と訊きかえしたわけよ。それで俺は、もう一回、『いや、ヒャクマンエンだよ』って言ったら、やっぱり『はい、ヒャクマイですね』って言うんだね。それでがっかりしてやめちゃってね、『五枚でいいよ』って言ってしまった。

そしたら、勝っちゃって万馬券になった。あのとき、もし女の子が訊きかえさなかったら、百万円が一億三千万円になったわけだから、俺の人生は変っていたでしょうね」とくやしがるのであった。

「だってそうでしょ。女の子に『ぼくはきみが好きだ』って言って『えッ?』なんて訊きかえされたら、もう言う気ないじゃない。人間、思いきったことを言ったとき、相手に訊きかえされたら、もう一回言うことはできないよ」

この杉さん。ただの焼肉屋の主人ではない。花の上野の芸大の卒業生で、絵かきでもある。馬の絵ばかりかく坂本繁二郎ばりの油絵をかく。在学中には、音楽科の黛敏郎らと組んで同人誌〈うえの〉を編集したりしていたが、いつからか「金もうけ」と二足のわらじをはくようになり、いくつかの会社の相談役と、焼肉屋の主人をやっているというわけだ。

「ロマンじゃメシは食えない」と言ってはいるが、私から見ると、やっぱり「夢追い人」のひとりである。

五十五歳で、三十歳も年下の奥さんがいる。法律的には三人目の奥さんである。

「人間の心って弱いからね、法的にしばっておくっていうのも必要ですね。本当に自分に忠実だったら、十日位で終わってしまうでしょう。ま、それにしても、競馬をするとインポになるっていうのはホントだなあ」と言った。

「今、ねらっている馬はハツノマサル。必ず大穴を出す気がする」と言う。読んでる新聞は「デイリー・スポーツ」と「一馬」。ベレー帽の似合う、二〇年代ギャング・エイジの二枚目中年といったムードがただよっている。

「私も、もうすぐ六十だしね。人生コースを競馬にたとえれば、四コーナー曲がったあたりだから、そろそろ追い込まなければならない。でも、それには普通の生活をしていても駄目だしね、成功した著名人への憧憬の念も持ってますよ。今までも、世に出るチャンスは、いくらもあったんだけどね、いつも、派手にパッと出たいと思ってね、この年になってしまった。一度、競馬で一レースで一億をとるのをやってみたいと思ってね。

　それも、資本は二万円位でね。二万円もっていって十五倍の馬券をとって三十万。それで四倍位のかたいのを一本買いでとって百二十万。それをじーっと待って、百倍（万馬券）を的中させれば、一億二千万。それが実現したら、店をやめて、女房と子供を連れて海外に移住しちゃうつもりですよ。そこで、絵をかいて、好きなエッセイをかいて、のんびり暮らしたいものだなあ」

酒場〈でたらめ〉の女

四年ぐらい前に、よそのスナックにいたんだけど、そこのママたちが競馬を好きだったのよね。マミー、トクちゃん、サンキチ、そしてあたしがチョンコで、アカツキの子って書くからね。

そのころ走ってたのが、ちょうどいたのよ。マミーブルー、サンキチ（ミヨシって書くから――）ミヨシホマレ。トクちゃんがトクザクラで、あたしがアカツキテル。それで名前にあわせて買ってたのよ。それから一年ぐらいして競馬場へ行くようになったんだけどさ。たいてい、ひとりで行くわね。それで、二万円ぐらいやるんだけど、勝ったときは、お金に替えないで、持って帰るの。でも、次の日には、お金にしちゃうけどね。

一度、勝ってお金に替えて、ひとりで飲み屋に入って、飲んで酔っぱらって、京王線でずっと寝こんじゃって、それでお金落としたことがあって、それから、馬券で持って帰ることにしたってわけなのよ。

騎手じゃ、すごくきらいなのが加賀さんね。どこがって言われても困るけど、あの顔がきらい（笑）。マユ毛が濃くって、何か「ヤル」って感じがするでしょ？　ああいうのダメなの。だから、大崎さんとか、小島さんとかね、フフフ、言っちゃ悪いけど、去勢された感じが好きなの（笑）。

でも、こないだ、目の前で見たら、随分端正な顔してるのよね、大崎さんて。ちょっと、すてきだったわ。ま、その中間としたら吉永さん。あのボクトツな感じがいいわ。あら、男の話じゃなかったわね。

そう。レースじゃ、やっぱし、アカツキテルの勝ったときね。最後のころ、③―⑥って馬券だったかな。雨がザンザン降っててね、配当が安かったけど、よかったわ。あたしの買い方はね、ヘンなんだけど、①―⑥買うとき、六枠が二頭いたら必ず⑥―⑥をおさえるの。②―⑦なら⑦―⑦、③―⑧なら⑧―⑧ね。このおさえで、随分とったのよ。

それからスジが好きなのよね。イースーチーとか、リャウパーとかね。マージャンのスジね。どっちかというと、ひらめきで買う方ね。子供のころはそんなにバクチ好きじゃなかったけど、東京へ出てきてひとり暮らしするようになってね、それで、オイチョカブやチンチロリンにも手を出すようになったわ。

競馬場へは、一人で行くけど、知ってる人に会いたくないわね。大体知ってる人に会うと、その日はダメなのね。ま、あたしは、こんな商売だし、ほかにお金使うこともないでしょ。使うとしたらウマくらいだもの。ウマで負けて働きはじめたようなもんだから、ウマをやめたら働く必要もなくなるじゃない。

でも、今の電話は、ウマで勝って入れたのよ。え？　だれに電話するかって？　別にする人もないわね。男？　そうねえ、失恋ばかりしてるわ。もう日常茶飯事ね。たいてい、自分からダメになる……そう、ふられるのよ。

酒場のママっていってもさ、わびしいことが多いのよね。店の名前も、はじめは〈当たり前〉にしようと思ったんだけどね、電話して「モシモシ、当たり前ですか？」「当ったり前だよ」って、おもしろいから（笑）。でも、結局〈でたらめ〉にしたの。出タラ目で、中のタラを抜くと、出目だもん。やっぱし、競馬に関係ある方がいいもんね。

新宿三丁目のバー〈出多楽目〉の美人ママである。煙草のけむりのなかで、問わず語りに、けだるい哀愁があった。

純情馬券で背広を買って

結婚を親に反対されて二十三歳で駆け落ちした。着のみ着のままで、住み込みのパチンコ屋にころがりこみ、そこで支配人のゴローさんに競馬というものを教わった。どうせ人生なんてギャンブルみたいなものと、覚悟を決めて五百円券と千円券を二枚買ったら、それが両方とも当たってしまった。

「馬券にお祝いしてもらって二人だけで結婚したわけだけど、まあ、そのときの馬ミハルカスにのってた騎手の加賀が仲人みたいなもんだね」

それから競馬歴と結婚歴がともに十三年の江戸っ子である。一見して、東映やくざ映画のピラニア軍団風のタフガイだが、どこか明るさにあふれているのは、いい奥さんに恵まれたからだろう。

「逃げ馬、それも加賀の乗ってる馬が好きですね。仕事においても、野球やっても、とにかく始めっからとばすのが性に合ってる。始めっから目一杯力を出すのね。ま、息切れしちゃうときもあるけどさ、追い込み馬ってのは力を出し切らずに負けるとか、インコースがつまって出られなかったとか、前の馬にカットされたとか、言い訳が多いからね。ああいう言い訳はイヤだね、馬のせいにしてさ。逃げて、逃げて、逃げまくって、力つきはててゴールインして負けるなんてのは、満足いくもんね」

　男いのちの純情は
　燃えてかがやく金の星

と、鼻唄でもうたいたくなるようなキップのよさである。

「ぼくがいやなのは、郷原ね、これはダメなんですよ。イチフジイサミなんて、買うと来なくて、蹴ると来る。カタにはまっちゃってね、それから小島、嶋田功っていう女性的タイプの男もダメですね。メス馬のうまい男はね、あたりがやわらかいっていうかね、うまいことは認めるけどね、ぼくはオス馬を力一杯叩き出してくれる騎手にほれちゃうんだね、加賀とか柴田政人とかね」

　いまは青果市場のガードマンをやっている。今までで一番損をしたのは、四年前。ハイセイコーが本命でベルワイドが対抗のＡＪＣ杯だった。「あのとき、ぼくは自信があるからといって、女房の金まで持ち出して、一家かけて大勝負したんですよ。給料前でね、くやしかったね。嶋田功のタケホープが一着で、二着に郷原のが突っこんでね、ハッハッハッハ、泣けてきましたよ」

その奥さんも、近頃は馬券を買う。なぜか、ほとんど①—⑧だそうである。

「ぼくも①—⑧好きですね。女房が天皇賞とった目だしね。あとは①—②、④—⑤、そういうくっついた目をよく買う。まったくはなれた数か、くっついた数。テッテしてるのがいいんですね。どうも②—⑥とか③—⑥、⑤—⑧なんて中途半端なのは好きじゃないね。ガードマンやってもね、このテッテしたところがね、仕事が堅実だ、って言ってくれる人とね、ユーズがきかない、って言う人とね、まっ二つに分かれるようです。しかし、倉庫一つまかされてるんだからね、中途半端じゃできないよね」

馬の買い方を見れば、人柄がわかると昔から言われているが、この人の場合も、まったくそうである。生一本。浅草生まれのお祭好き。馬券をとって奥さんに指輪を買ってやった。現在着てるものは、下着をのぞくと全部馬券でとって買ったもの。十三年のキャリアだけあって、さすがにうまい。嶋田功と郷原が来るととれないが、あとは何とかとれるという自信。買う新聞は「ホースニュース」。馬券を買うのは浅草場外。

「競馬新聞の予想欄に、もう一列空欄をつくってくれると、自分の本命対抗をつけられるんだけどね」と言って、「さて、ことしのダービー馬の予想は?」

「ぼくはクライムカイザーだね。あれは、勝つことも負けることも知ってる馬だからね、本当に強いって気がする。人間の社会でもそうだからね。その点、テンポイントはだんだんメッキがはげてくる。デビューが七馬身差、次が五馬身差、それから首、頭……この次は鼻か抜かれるか。いずれにしてもダービーまではムリだって気がするよ」

大型の黒馬、そして騎手の加賀、「犯罪皇帝」という名と、加藤さん好みのクライムカイザーにくらべると、「薔薇族」の少年といった感じのテンポイントは、いささか趣味じゃないというところだろうか。健闘を祈る。

わが心草原に

二年前の夏、私は見知らぬ少年から一通の手紙を受けとった。「北海道の伊達(だて)の高橋農場にアルバイトへ行ってきましたので、その写真の一部をお送りします」とあって、馬の写真を何枚か同封してあった。

高橋農場と聞いて、私はあることを思い出した。それは、ジルドレのことである。少年犯罪王と同じ名をもつこの馬が、オーストラリアから輸入されてきたとき、金髪の少年ファンから「もし、ジルドレが無事に日本に着いたら、元気だという証しに、ジルドレのたてがみを一本送ってください」という手紙を受けとった高橋農場の内田さんが、たてがみとジルドレの近影を送ってあげた。そのことを、私が詩に書いたことから、私と内田さんとは親しくなり、文通をするようになった。

一度、ぜひ、高橋農場の牧歌的な空気を吸いにきて下さい、と内田さんに言われ、私もそのことをたのしみにしていたが、果たせずにいるままに、ジルドレは死に、内田さんも亡くなってしまわれた。まだ訪れたことのない、もう一つの故郷。その高橋農場を訪れた少年からの便りである。少年は、当時十五歳で、写真には、それぞれちよっと詩的なコメントがついていた。
「草をはむトーストとその仔。向こうに見える山は有珠山で、その向こうには昭和新山がある」とか「アオと呼ばれる馬で、ことし二十九歳の重種馬。昔は畑仕事に使われていましたが、いまは隠居の身。人間でいうと百歳以上です」といった具合である。それから、毎年夏に、少年から牧場便りが届くのが私のたのしみとなった。

彼はまだ未成年なので、馬券を買うことはできないのだが、馬が大好きで中学校では馬術部に属し、東京乗馬倶楽部に通ったりしているという、きりっとした美少年であった。「小さいころ、西部劇を見てウマを好きになった」というが、競馬についてもなかなか面白い観察をする。たとえば、ダーテイハリーという馬について、彼は書いている。

「ダーテイハリーは前回、逃げの競馬で圧勝したのですが、朝日杯は八着と敗れました。

最近のアメリカ映画では、しばしば刑事のくせに、実はマフィアの手先であるような人物が出てきますが、ダーテイハリーもその口かも知れませんね。つまり、ダーテイハリー自身は、悪者なので、自分から逃げようとする者をドンドンのがしてしまい、本物の刑事が自分を追ってきたときには、逃げ切ってしまう。つまり、他馬をのがすときは押えたままで、自分が逃げると強い馬です」

こうした見方ができる感受性に、私は親しみを感じる。彼の手紙は「メジロの大久保さんは、伊達にメジロができるまでは函館競馬場の前でソバ屋をやっていた人だそうです」とか「大久保さんは、高橋農場の人々には、ブルドッグと陰口をたたかれたりしまして、獣医ともすぐケンカしてしまうそうです。顔は日刊スポーツの〈ハーさん〉みたいです」といった牧場の人たちの描写には、牧場のワラの匂いのするようなあたたかさがある。

ことし十八歳。名前は津田純君である。

「乗馬倶楽部ではじめて馬に乗ったときは、カウボーイの気分だった」「アルバイトで、牧場で面倒見た馬は、なつかしさを感じる。尾形廏舎のスピードレッグなんか、もっと走ってほしいと思っています」「馬にも、美人とかブスとかがいて、牧場の人も、そういうことを言ってました。ブスの馬はひがんで、美人の馬をいじめるんだそうです」

どうして、いつも牧場に行くのか、と訊くと「東京にいると、人間がロボットに見えてくる」と言った。「車は公害になるから、みんな馬を乗りまわせばいいじゃないか、と思ってます。だんだん馬が少なくなって、最後は人間とゴキブリしか残らなくなるのはさびしいことですね」

自分のカメラで撮りためた数百枚の馬の写真。津田君を見ていると、文明の歴史の中で、人々が失ってきたものの貴さを思い出さないわけにはいかない。ウィリアム・サローヤンは「わが心草原に」と言ったが、私はそのことをそのまま津田君にあげてやりたいと思ったのであった。

ホワイトフォンテン学者

　ホワイトフォンテンに恋した男がいる。部屋にホワイトフォンテンの写真パネルをかざり、ホワイトフォンテンで馬券を取ると、背広を作ってそのレース名をネームに入れる。当たり馬券の中から一枚だけは記念に、金に換えずにとっておく。

　T製薬の高橋さんである。「ホワイトフォンテンにはじめて会ったのは、四十八年のダービーの時でしたね。まったく人気がなかったのに、四コーナーを曲がるまでハナを切って逃げましたからね。ま、人間にたとえるとするならば、ジャイアンツの柴田というか、高田というかね」と、目を細めて話し出す。競馬歴二十五年。一レースで単と連の二つの万馬券をとるという放れ業を、好きなホワイトフォンテンで実現させたのだから、笑いがとまらぬのもムリはない。

「日経賞の時はね、ホワイトフォンテンの調教時計を見ましてね、非常によかったんですよ。それに、出走してるのが追い込み馬ばかりでね、イチフジイサミとか、キクノオーとかスルガスンプジョウとかね、超一流ばかりでしたがね。わたしは、ホワイトフォンテンで決まりだ、とひらめいたわけです。レースがはじまったら、もう、興奮しちゃって（笑）テレビで見てたんですがね。おカミさんには、あんたがいると取れないから、どっかへ行きなさいって言ってね、買い物に出させたんです。で、長男坊と二人で見てたんですがね、逃げ切りでしょう、もう興奮しちゃって（笑）どうしようもなくって、オヤジ！　って、せがれにひやかされました」

近くの茶房〈ナオヒロ〉のマスターの寺島さんに言わせると、「高橋さんは、以前は当てるだけの馬券買いだったが、中年すぎてロマン馬券を買うようになった」そうで、「今はすっかり、白馬ホワイトフォンテンのとりこ」なのである。

「ホワイトフォンテンはね、勝った次のレースは要らないんです。ま、はっきり言うとね、大体そうですね。勝つと、他の馬から目標にされますからね。この馬はね、他の馬にならばれると、競争意欲なくしちゃってね、それでもうズズズッとさがっちゃう。だから、あくまでも、一人だけで、スイスイ行ってなきゃダメなのね」

話に熱中してくると、「一頭」が「一人」に変わってゆくあたりに、この人の愛馬心がにじんでいるのである。寺島さんに言わせると「ホワイトフォンテンびいきだから、その騎手の高橋司もかわいがりましてね、一度、高橋司がゴールデンドリームからおろされたときに、涙をポロポロこぼして、『へこたれるな。きみにはホワイトフォンテンがいる。おれたちがいる』というファンレターを書き、ニンジン代を三千円送ってやった」のだそうである。

高橋司にニンジンを食べさせようとしたのではなく、馬に食べさせようとしたのだと思うが、高橋司騎手から、丁重なお礼の電話がきた。

「大体、わたしはね、郷原とか柴田政人のような派手なジョッキーはあんまり好きじゃなくってね、この高橋司君だとかね、引退した伊藤栄君だとか、油木だとかね、目立たないジョッキーが肌に合うっていうかね、ま、好きなんですね。というのは、ホワイトフォンテンと自分の人生を対比させてみると、大分ちがうんですね。ホワイトフォンテンは人気のないときに一発穴をあける馬でね、ツボにはまったときにだけ大駆けする。

ところが、わたしの場合は、サラリーマンを長くやっててね、一発大穴ってわけにはいかない。ま、確かにわたしの人生でもね、そういう一発っていうのを狙ったこともありましたけどね、そこから今の会社へ移るときには、〈一発〉ってものを期待してたんじゃないかって気もしますがね」

植木等は、むかし、「サラリーマンは気楽な稼業ときたもんだ」と唄ったが、堅実な実人生で失ったロマンを、逃げの白馬に賭けつづける高橋さんに、私は人生という長いレースの第三コーナーのカーブを見る思いがしたのであった。

メリーおばさん

メリーダンサーという哀愁の名馬がいた。障害レースで活躍したオールドミスの馬で、ファンも少なくなかったが、昭和四十七年に引退し、いまは北海道の浦河で繁殖牝馬としての「第二の人生」をおくっている。

そのメリーダンサーの大ファンだった日野ふささんは、ことし六十歳の競馬ファンである。いまは、メリーという名の犬と「二人暮らし」で「いつもメリーと一緒に競馬中継のテレビを観ている」というが、犬がテレビを観てもわかるものか、どうか。

ともかく、ユカイな競馬おばさんである。はじめて競馬に興味をもったのは、昭和四十三年というから、いまから八年前。たまたま、ボンヤリとテレビを観ていたら競馬中継をやっていて、一頭のチビの馬がおくれて走っていた。「まあ、かわいそうに」と、応援していたら、その一念が通じたのか、チビが少しずつ他の馬たちに追いついてゆき、アッというまに追い抜いて「一等賞」になってしまった。名前は、リキエイカンという馬だった。

それですっかり、リキエイカンのファンになってしまって、リキエイカン、リキエイカンと、口ぐせのように言っていたら、夜中に息子から電話がかかってきて、「おふくろ！　リキエイカンがダービーに出るぞ」と教えてくれた。ふささんは、びっくりして、「ダービーなんて立派な競走に出れるなんて」と、心配で心配でたまらなかったが、これが何と好走して「四等」になった。ふささんは、うれしくて、ボロンボロンと泣いてしまったのである。

九州の小倉へ行ったとき、息子が「トパーズミオっていう九歳の馬が強いよ」と言っていたのを思い出して、「トパーズミオの馬券を下さい」と言ったら、「ここじゃ、東京の馬券は売っていませんって不親切なことを言うのよね」と語るのである。

ふささんの仕事は看護婦さんだったが、いまは定年をすぎて、手伝い仕事だけ。いつもメリーと一緒である。メリーという名のつく馬といえば、メリーダンサーのほかにも、メリーベル、メリーカリーナ、メリープラット、メリーポピンズ、メリーニッコウと少なくなかったが、やはり名馬といえば、メリーダンサーにつきるだろう。ふささんは、やさしい性格で、「かわいそうな馬」が好きで、片目のダイニヤマドリとか、十一歳にもなって走っていた老馬のスイジン、ゴールドライジンなどが心に残っているという。

灰色の馬のゼンマツも忘れられないが、やはり一番好きなのは、チビのリキエイカンで、「リキエイカンが春の天皇賞に勝ったときは、うれしくて山手線を一周した」

というから、ほほえましい。

「でも、競馬ってのは、よくよく考えてみると、ウマがかわいそうにできてるのね。馬主は、ウマを買うと元をとり返さなきゃならないから、ローテーションをきつくするでしょう。八百万で買って、元をとるとすぐ地方へ売っちゃうとかね。ま、どんなにかわいくても、アパートでウマを飼うわけにはいかないけど、何となく働かされてる年とったホステスとヒモの関係みたいで、人生の悲哀のようなものを感じるわ」

ふさ子さんは、競馬場に行くときは、いつもカメラを持ってゆく。牧場へ行くときも、そうである。いい馬になると、「ちょっと、写さしてください、って言うと、気持ちよく写させて下さる」という。メリーダンサーの引退式のときもカメラを持っていったし、ハイセイコーの引退式のときもカメラを持っていった。ハイセイコーの引退式では、オンタイに会って、「ちょっと写さして下さい」って言って、撮っちゃった。撮っちゃった。

オンタイというのは、私のことである。ふさ子さんは、私の『競馬場で会おう』を読んで出かけてきて、ほんとに私と競馬場で会ったのであった。

ゆきやなぎに愛をこめて

五年前の暮れもおしせまった頃、「ゆきやなぎ賞」という五頭立てのレースがあった。ホウゲツダイオーの本命はかたく、問題はヒモ探しである。新聞の人気では、イチウマツヨシが七割ほど対抗人気を占め、残りはスピードジャンボ。他の二頭は、レースを成立させるために仕方なしに出走してきたような馬である。途中で落馬や骨折でもない限り、どの馬も必ず入着賞金は得られる、という、まったくつまらぬレースである。

ところがこのレースに賭けていた一人の男がいた。名前は細川洋。私鉄沿線の西日だけがさしこむようなアパートに、南こうせつとかぐや姫の唄った「神田川」そのもののような生活をしていた。

赤い手拭マフラーにして
二人で行った横丁の風呂屋
一緒に出ようねって言ったのに

いつもわたしが待たされた

女は細川さんの文学青年としての前途を信じて、バー勤めをしながら貢いでくれていた。細川さんは、その期待にこたえるため、そしてヒモ暮しから脱け出すため、同人誌を出し、それに大作を発表して文壇にデビューすることを夢見ていたのである。「十万円、都合してくれないか？」と細川さんは言った。「二倍にするんだ」

ホウゲツダイオーとイチウマツヨシの組み合わせで推定オッズは二倍である。この両馬の間を割って入る馬がいるとすればスピードジャンボだが四百キロにも満たない馬で、戦績的にも見劣ると思われていた。

不安げな女の顔に送られて新宿の場外馬券売場に向かったが、さすがに窓口に札束十万円をさしこむときは、手がふるえた。もし、この十万円が返ってこなかったら、私の同人誌計画はもちろん、女との一年間の水入らずの生活も、彼女の奉仕もすべて無に帰すと思われた。――しかし、レースは悲惨だった。ホウゲツダイオーは予想通り逃げ切ったが、イチウマツヨシが直線でスピードジャンボに楽にかわされてしまったのである。細川さんは、その日アパートへ帰らなかった。そして、同人誌の夢も、彼女との甘い生活も終りだった。細川さんはアパートを出て、いつ東京へ戻るかわからない旅に出た。まだ見ぬ「ゆきやなぎ」の花をたずねて。

そして、旅の果ての日本海のよく見える新潟の弥彦山のふもとではじめて見た。まっ白なゆきやなぎの花を。花を見ているうちに、なぜか目がしらがあつくなってきた。目をとじると、レース実況が、鮮やかによみがえってくるのであった。

「直線イチウマツヨシは、いっぱい。スピードジャンボがうしろから突っこんでくる……」

細川さんはその後も競馬から足を洗うことができなかった。そして、文壇へは依然として「未出走、未勝利」である。一番好きだった馬はマルテ。リルケに傾倒して「若き詩人への手紙」をくりかえし読んでいた細川さんにとって、マルテという非力な馬は「希望の星」だったというわけだ。競馬の魅力は、「楕円を走るけど、ゴールが直線だ」ということで、そこには「人生の深い比喩がこめられている」ように感じられる、ということである。

「近頃、大井の競馬場が好きになりました。あそこは、一日のうち一度だけ、レース中にモノレールが走り、飛行機がとぶ時間があるんです。馬と飛行機とモノレール電車。三つが一度に走る瞬間を見るのが、たのしみなんです」

そして、「もし、自分が馬主になれたら、マリエンバードという名をつけたい」と語るのだった。

わが愛、ハイセイコー

いまも心の片隅に
ひづめの音がきこえてる
俺はときどき目をとじて
はるかな北の牧場を
思いうかべてみるんだよ

聞こえてくるのは、「ハイセイコーよ、元気かい」を歌っている増沢末夫騎手の声である。

ハイセイコーが引退して二年、いまでもハイセイコーの思い出に生きている人の数は少なくない。一頭の馬に寄せる追憶と感傷。川路恭子さんも、そうした中の一人である。一人暮らしの部屋の壁には、ハイセイコーの手綱と、ハイセイコーと一緒に撮った恭子さんの写真パネル、それにハイセイコーのレースの写真などが飾ってある。

「あたしは、ハイセイコーを知る前は、ケイバのケの字も知らなかったんです。ですから、初恋の相手はハイセイコーってことになります。ハイセイコーをテレビで見るようになって、すっかり惚れこみ、負ければくやしくて泣いちゃってご飯が食べられなくなっちゃうし、勝てばうれしくて胸が一杯でご飯が食べられなくなっちゃうし、やせてしまいました」

引退式に、ほんもののハイセイコーを見に府中へ行き、廏舎まで押しかけていって「さよなら」を言おうと思った。門のところで守衛に呼びとめられ、「通れない」と言われ、一時間ほどねばって通してもらったときは、寒さでひざがガタガタになっていた。それでも、ようやくハイセイコーに会ったときは、涙が出てきた。

正月四日のあと、いよいよ引退の六日に、一時間しか眠れず、ほとんど亡者のように、廏舎へ足が向いてしまった。そのとき、鈴木調教師がハイセイコーの手綱をくれたのである。ハイセイコーにはじめて会ったとき、ハイセイコーは、「何で来たんだ?」と馬のことばで話したような気がしたが、去年の夏、わざわざ北海道へ会いに行ったときは、「よく来てくれたね」と言ってくれたような気がして、うれしかった、と言う。

できれば、ハイセイコーの仔でも一頭ぐらい飼いたいが、自分の部屋じゃ狭すぎるし、それにとても高くて買えそうもないので、写真でがまんしているのだという。話していると、どこか暗さがただよう。口で言えば「さびしい女」である。今まで、どんな人生をすごしてきたのか、どんな出会いと別れがあったのか、と訊くと口をつぐんでしまう。

　ほとんど人と会わず、いつも一人である。ときどき手相見に自分の運命を見てもらうのがたのしみである。それでも、なかなかの美人なのだ。「で、馬券の方はどうです？」と訊くと、「買ったことがないのです」と答えた。馬を見てるだけでたのしく、馬券の損得にはあまり興味がないのだと言う。好きなのは、黒髪の馬で、クライムカイザーも、たくましく男くさくていいと言う。人ごみがきらいなので、競馬場でも、片隅のテレビを一人でポツンと見ている方が似合っている。

「人間の男には、いくら好きになっても北海道まで追いかけていくなんてことはできない、と思うの」だから馬のハイセイコーには、ほんとに愛を感じていたらしい。できれば、こんなゴミゴミした東京におさらばして、ハイセイコーのそばに小屋でも建てて、そこに住めれば毎日ハイセイコーに会えるしね、自然が好きなので、いいなあ、と思っているの。

　私は恭子さんのハイセイコーへの思慕を聞きながら、たぶん人間ぎらいになってしまった理由が何かあるのだろう、と思った。語りたくない過去、挫折。夕陽がさしこむ。そして、目をつむって思い浮かべると緑の大草原を走っているのはハイセイコーのおもかげだ。「誰か故郷を想わざる」という歌の文句ではないが、人が遠くへあこがれるのは、きっと現在がわびしいときではないだろうか。

さよならだけの人生と
知っていながらいまもまだ
忘れられないたてがみよ
ハイセイコーよ　元気かい

人生の未勝利

未出走未勝利レースしか買わない加賀伸一君は、ことし二十五歳である。

「なぜ、未出走未勝利レースしか買わないかっていわれると、身につまされるからですよ」と答える。大学受験に二度〝出走〟して二敗。

「これは狙ったのが重賞（東大）でしたからね。条件（地方の私大）なら勝てたと思うんですがね」と言う。

文芸雑誌の小説の懸賞募集にも、四度〝出走〟して未勝利。

「女の方は、未出走。いちど、栄町のトルコへ出走しましたが、自意識過剰なのか、突然不能になって未勝利でした」

それでも、チャイナロックの仔なみに大柄な体格で、一見したところ、ハンデ五十八キロ位は背負わされそうに見える。

「ま、人生の未勝利のなぐさめとしては、馬の未勝利レースが一番ですよ。十数戦して、十数敗――といった馬が、ある日、突然に奮起して他馬を一気に追い抜いて〝勝ちあがる〟瞬間を見るのが、何といってもたのしい。未勝利レースのいいところは、必ずどれか一頭にチャンスがあるということですね。あれを見てると、次は俺の番だって気がしますからね」と加賀君は言う。

「最近では、夏をすぎるともう、古馬の未勝利戦がなくなってしまったでしょう。あれが、さびしいですね。むかしのテンケイやザガートターフのように九十二戦未勝利とか七十四連敗なんて馬がいると、こっちも、まだ希望があるんだって気がしましたがね。あっという間に未勝利馬はスソ馬として整理され、姿を消してしまう。中央の未勝利馬が、ドサまわりになって高崎や金沢で走ってると聞いて、わざわざ見に行ったこともありますよ」

それでも、ときどき障害に転向して、平地の未勝利馬がラストチャンスに賭けるのを見ると感動するなあ、というわけである。

「たとえばアラスカフォンテンなんか、平地で全敗したあと、障害でも、またまた未勝利ですからね。それでも、たった一回だけ平地で三着したという思い出があるから、あきらめきれない。ああいう馬が好きなんですよ」というのである。

「寺山さんの『競馬への望郷』って本読んだら、未勝利馬ファンばかりのクラブがあるって聞いて、それではがき出したんですけどね、オレなんかは六歳未勝利ってわけじゃない。ま、四歳の秋の未勝利って感じだから、まだまだ、あの人たちよりは希望に燃えてますがね」

それにしても、名前が加賀である。すでに、リーディングジョッキーを数回経験し、現在は騎手会の会長をしている加賀と、いつも未勝利の馬に「自分の姿」をうつしている、二十五歳の人生未勝利の加賀とでは、あまりに違いすぎると言って笑う友人もいる。

中学時代にゲンコツという仇名だった先生と、先日ばったり新宿の雑踏で会ったとき「未勝利レースばかり買ってる」と言ったら、「そんなセンチメンタルな自己慰藉は大きらいだ」と一喝された。

それでも、映画では脇役俳優、野球では二軍のベンチ、そして競馬では未出走未勝利が好きだという信念は変わらない。ときどき、心細くなると口ずさむ呪文は、「サンダーキングヒシタイアンテイコンクアベルキュウピッドレイセツクリカール」というのである。

おわかりかな？　未勝利馬の名をつづけて並べた呪文である。加賀伸一。皿洗いボーイ。いつ未出走未勝利から抜けだすかに注目することにしよう。

ダイヤモンド必勝法機械

渋谷の場外馬券売場のすぐ横に葬儀屋がある。その葬儀屋の前に、土曜、日曜だけあらわれる予想屋老人のウチウミさんは、ちょっとした名物男である。ポケットから六面サイコロ、八面サイコロをとり出して、カラカラと振ってみせてこう言った。

「他人の予想なんて信じちゃだめよ。予想、ヨソウって書いてさかさに読むと、ウソヨってなるからね。ウソヨ、ウソヨ——だから、いっさい参考にする必要なんかないんだよ」

ことし七十四歳になるが、なかなかのダンディである。

「むかしはウマより女が好きだった。吉原にもよく通った」と言う。「しかし、だんだんと女のダメさがわかってきた。何しろ、女はヤキモチやきで、赤線に反対したり、競馬に反対したりしやがるからね。その点、ウマは立派だよ。ウマは競馬にも、赤線にも反対しない」

終戦後、焼跡でウロウロしてた頃、競馬で財産を全部スッてしまい、競馬でとられた金は競馬で取り返さなければと思ってはじめたのが予想屋の商売だった。競馬競輪歴は二十三年。

連勝式八枠制のできた昭和三十八年四月一日に大井競馬場で八連勝をやってのけて、予想屋として一躍売り出した。八面サイコロの出目で占うのは「運命まかせ」だが、近頃は、ダイヤモンド必勝法という不思議な予想機械を作って売ったりしている。それは、ほぼ十センチ四方の大きさに、仏滅先勝――①④⑦⑩　大安友引――②⑤⑧⑪赤口先負――③⑥⑨⑫（該当レースが荒れる時は、次のレースを追う事）と書いてあり、五つの穴があいている。

これを、穴買い使用法に使ってみると、まず、「本命落ス」という穴に、人気本命馬の連番を入れると、自動的に、穴のアタマ（一着馬）が出てきて、そこから○印、×印の穴にでてきた数字を買えばいいというのである。

いかにも超能力的な機械で、私はびっくりし、さっそくこれをカブラヤオーの出ているオープンレースで使ってみた。まず、大本命のカブラヤオー①を本命落スの穴に入れると、アタマに⑥が出てきた。それに、×印⑤、○印⑦である。おつきあいのつもりで⑤―⑥、⑥―⑦を千円ずつ買ってみた。⑥はノボルトウコウとスガノホマレ、⑤はタツヒサ、⑦はシュンセツとソベラーナである。ハーバーヤングもいることなので、「まさか」と思っていたら、レースはカブラヤオーが突然出おくれ、ハーバーヤングがとどかず、⑤―⑥で配当が一万七千二百二十円、私の手取り十七万二千二百円！

私はびっくりしてしまった。ウチウミさんは、「ま、当たるときもあるが、外れるときもあるから売れるんですよ」と言っているのであった。「あんまり外れて、ヨソウはヨソウヨ（予想は止そうよ）なんて思って」一念発起、必勝法を考えはじめた。

このダイヤモンド必勝法機械を考案するときは、朝から晩までサイコロふっていたので、とうとう奥さんに、「お父さん、狂っちゃった。困った困った」と言われた、という。しかし、この「発明」に成功して、いままでの損をとりかえし、近頃はようやく、「遊んでいられる身分」となった。

西を向いてもだめだから
東を向いてみただけよ
どうせはかない涙花
夢にながれてゆくだけね

「新宿ブルース」の文句ではないが、人生、さまざまな老後がある。葬儀屋の前で「幸運」を売っているウチウミさんに、いい日がつづきますように。

はじめての馬券

「少女コミック」をひらいて、びっくりした。竹宮恵子の「変奏曲」というマンガに出てくるホルバート・メチェックという美青年が、ラーメン屋〈ぺぺ〉のマスターにそっくりなのだ。しかも、このマスターは、「少女コミック」風の男装の麗人ばり、女ことばで話すのであった。

「ボク、ラーメン屋さんには、見えないでしょ」と、話しはじめる。「ボクは冷静だね。馬券をとって、とび上がってる人いるけど、ボクは自分でかみしめてる方だね。いままで、全部で、競馬会に投資したのは五百万位かな。かえってきたのは、ビビたるもんでしょ」

店に立ちのぼるラーメンを煮る湯気のむこうに、中央競馬会のカレンダーが見える。

「こういうのは、たくさん、競馬会にキフしないともらえないんです。ボクじゃなく、お店にくるお客さんがもってきてくれたのよ」

競馬ファンというと、胴巻、セッタにサンダルばきという伝統派は少なくなった。近ごろは、ごくふつうのサラリーマン風が多くなったが、それでも〈ぺぺ〉のマスターのように、少女マンガ風二枚目というのは、変わりダネに属するだろう。

「ボク、数字の組み合わせで②—⑦っていうのが一番好き。一枠がきらいなの。それとゾロメがきらいで、いくら強いのが並んでいても、絶対買わない」

直感派である。

「パドックは見ない」

「レースは、いつもゴール前で見るの。ともかくボクはバクチが好きでね、はじめは銀座でボーイやってたの。お店が十二時に終わるでしょ。食事終わって一時。それから麻雀してると夜があけるでしょ。で、朝刊がくるわけ。報知新聞ひらくと、大井で競馬かオートをやってる——どれにしようか、ってことになるわけね。で、帰ってきて、またお店。ときどき、裏へ行って、壁にもたれて眠るのね」

「テンポイントみたいに、はじめっから有名な馬はきらいね。だんだん知られてくる馬の方が好き」というあたりが、人生哲学の一端か。

「そもそも、最初が悪かった。はじめ競馬に行った日にね、はじめて買った馬券が当たっちゃったのよ。千七百円って配当だったけど、特券で、一万七千円でしょ。十年前だからね、そのころ、フランク永井の唄で、〝明日は日曜、お弁当持って、坊やゆこうぜ動物園……〟って唄ってね、〝一家ダンラン、一万三千八百円、笑って暮らせば何とかなるさ〟って唄が流行っていた頃だから、ボク、とびあがってね、競馬はもうかる、と思ってしまったのです」

ああ、最初の日に馬券をとってしまったばかりに、一生を棒にふるわれらが友人が、ここにもいたのであった。

「好きな馬は強い馬よ」

焦茶に細いストライプの入った背広を着て、「シカゴ・バラード」をぬけだしてきたアル・カポネ親分を思わせるような男前。どんなに暑くても、ネクタイをきちんとしめ、広島訛りでしゃべるのである。

「ま、何の仕事かちょっと見たらわからんでしょ。社長がいて、われわれ部下がいる。小さい企業は相手にしないけど、よう、まあ、広告の新聞みたいの出してるわけよ。それで、広告料もろうてね、そんな仕事やね。ちょっと見ても、わからんでしょ。おもろい仕事やけどね」

好きな馬は、強い馬、とはっきりしている。グランドマーチス、テスコガビー、カブラヤオー、トウショウボーイ。

「結局、弱いもんは強いもんには勝てんから、強いものの馬券を買えばええんよ」と、本命党である。

この強さ、弱さに対する考え方が、下居兄貴の人生の哲学ということになるのだろう。名刺には「下居経済広告社下居久典」と刷ってあり、シタイケイザイコウコク社と読むのだそうである。

旅行シタイ、結婚シタイ、の「シタイ」と受けとると、願望のにじみでた名前だが、本名は「シモイ」と発音するのだという。

「競馬からは足を洗おう」と何度も思ったが、結局やめられぬまま、今日にいたる。意志が弱いんではないのよ。結局、好きなんね。好きなことは、やめるべきではないもんね、ほりゃ、熱中してりゃ、度を過ぎることもあったんよ。それで自分が、歩む道は親のいうこともきかんのよ。島根の益田に、日本一のボロ競馬場があってね、コースのまん中にぶどう畑があって、向う正面に入ったら馬が全然見えなくなる。そこに二、三度、競馬に行った人妻と、一緒になって、十年ほど暮した。子供と亭主のいる、自分より五つ年上の女やったけど、亭主を捨ててわしについてきた。ま、結婚しとった頃は、あんまりバカなこともせず、たのしいことも多かったけどね」

「何で別れたの?」と訊くと、「まあ、ええやないの。過ぎたことやから」

別れてから一人で上京し、いまの「仕事」に入る。一人暮しで、「パンツだけは自分で洗うとる。あとは、全部クリーニング屋に出しとる。フベンなこともあるが、お金があればどうにでもなるでしょ。ま、さびしいこともあるけど、お金で解決することはそれで良いのよ」

それで、ふらりと出かけてゆくのが競馬場である。

「何か知らんけど、黄色が好きで、よく五枠を買う。(五枠の騎手帽が、黄色やからね)」というところに、感傷がちょっぴり。別れた奥さんは、黄色いブラウスが似合ったのであろうか?

「ともかく、強くなければダメやね。馬も、人も。ポンと出て、そのまま逃げ切って勝つ馬を見てると、大統領!って声をかけたくなるね」

こんどは、金曜日の夜の十時半に出ている新潟行きのバスに乗ろうと思っとる。一人三万二千円。解説者が三人位つくんやね。それで、温泉の中で、「明日の予想は……」なんて解説するらしいよ。

東京砂漠の片隅で
夢のつづきを見るわたし

競馬のほかには歌謡曲が好きで、一人暮しのアパートで、岡晴夫の「逢いたかったぜ」などを唄ったり、じぶんでテープに吹込んだりする。「わしんとこは、二十七人いるけどわしが唄では筆頭やね。わしのくせは、手をふりながら唄うことやね。それで、皆がわしのマネをしよる」

友だちは、いっぱいいるが、競馬へ行くときは、いつも一人である。この言葉、心にジンとしみた。「二人で行っても、二人とも勝てるわけやないからね、一人で行く方がええのです」

パドックで幻の父を待つ男

　ある日、中山競馬場でカンカンが、初老の男と立ち話をしているのを見かけた。「どれがよさそうですか?」と、カンカンが訊くと、初老の男は「そうですね、二番の馬が、踏みこみがしっかりしてるようにみえますがね」と答えていた。「また、こないだみたいに大穴になるといいですね」と、カンカンが言うと、初老の男は目じりを細めて笑って、「こないだは、うまくいきましたからね」と答えるのだった。

「だれだい、あの男は?」と、私はカンカンに訊いた。「あんまり見かけない顔じゃないか」

　すると、カンカンは、さりげなく言った。「親父だよ」

「え?」と、おどろいて私が訊きかえすと、もう一度、カンカンは「親父だよ、俺の」と、言うのだった。

「しかし、おまえの父親は、六年前に蒸発したんだろ?」と私は言った。

「そうさ」と、カンカンは言った。「いまのが、その蒸発した俺の親父なのさ」

カンカンは、今年三十二歳。

家業は、横浜の薪炭商（しんたんしょう）だったが、六年前の夏のある日、いつものように集金に出たまま帰らなかった。母と二人でしばらくは、借金に追われながら転々としていた。大学中退後、大学闘争の際に入った、あるセクトの政治局員をやっていたカンカンも、沖仲仕（おきなかし）、運転手、ＴＶ局の大道具製作などを転々とし、体をこわして半年ほど入院し、いまはスナックでバーテンをやっている。

父の蒸発後、水商売をやっていた母と、母子ではじめたスナック〈ファラディバ〉の、カウンターに入っているのである。父がどうして蒸発したのかは、ナゾだったが、それでも、父が競馬狂で、カンカンと母とは賭けごとがきらいだったので、案外、早いうちから、父と母子とのあいだには、見えない断絶が生まれていたのかも知れなかった。

そのカンカンが、母にかくれて競馬をはじめたのが四年前である。そして、二年前（父が蒸発して四年後）のある日に、中山のパドックで、カンカンはバッタリと父と再会したのだ。カンカンは、できるだけていねいな言葉で、他人行儀に、「どの馬がいいですか？」と訊いた。すると、父が、「あれだ」と教えてくれたのが、スガノホマレだった。

当時、快速の逃げ馬だったスガノホマレは「父」の予想通りにあっさりと逃げ切って勝った。カンカンは、とった馬券をもって、父をさがし出し、「お父さん、ありがとう」と言おうと思ったが「お父さん」ということばがどうしても出てこず、ただ「ありがとう」と言って別れたと言う。

「おまえ、それで親父に会ったことを、おふくろに話したのか?」と訊くと、カンカンは首をふって、「だれにも話さなかったよ」と言った。

それから、毎週、カンカンは馬場へ出かけ、パドックで、初老の男を待つようになった。しかし初老の男——父は三週に一回位しか姿をあらわさなかった。

そして、二人は他のことは何も話さず、ただ、馬の出来についてだけ二言か三言かわすだけで別れた。カンカンは、父の言う通りの馬券を買ったが、当たったのは、ほんの二、三回で、あとはたいていだめだった。父の予想はいつも大穴ねらいで、スガノホマレが出走してくると、必ずスガノホマレが中心になった。どこで暮らしているのか? どんな仕事をしているのか? 再婚したのか? それとも独身なのか?

カンカンは知りたいと思うことを何一つ口に出してたずねることができなかったが「はじめて会ったときは、すごくパリッとした背広を着て、いい暮らしをしているようだった」という。それが「会うたびに、少しずつ身なりがわるくなった」

「スガノホマレがだめになっていったのと、同じ速さで」というから、この二、三年のあいだに、父は「初老の紳士」から「中年の浮浪者風」にまで零落してきたのかも知れない。

そして、とうとう、カンカンは「俺、もう馬場へ行くの、やめたよ」と言いだしたのである。

パドックで、おちぶれた父と会うのがいやになったのか、それとも、これ以上、母にかくれて、父子だけの不貞をはたらくことに耐えられなくなったのか――そのへんは、私にもわからない。

だが、カンカンは場外で馬券を買いにいき、雑踏の中で、ふと「どれがよさそうですか？」と、まぼろしの父に話しかけている錯覚にとらわれることがあるという。そのとき、父は「ダブルの背広を着て、葉巻をくわえて、自信たっぷりに、勝つ馬を教えてくれる」のだそうである。

たった一度の勝負

生涯にたった一度しか馬券を買わなかったというファンがいる。キャバレーのホステスのとし美さんである。とし美さんが競馬に興味をもったのは三年前の夏、店にきた客のポケットから「一万円札があふれている」のを見たときからだった。

それからとし美さんの「一発勝負」への雌伏がはじまった。とし美さんは、毎週一万円ずつ「軍資金」として貯金し、三年で百四十四万円貯めた。と同時に、毎週テレビで観戦し「必勝法」を片っぱしから読みあさり「絶対いける」作戦を考えた。

荒れる必要もなければ、大穴である必要もなかった。ただ「絶対に勝ちたかった」のである。それは、同棲、流産、別離……と、不運つづきだった実人生への復讐の思いのようなものであったかも知れない。実際、「星の流れに身を占って、どこを寝ぐらの、夜の鳥」といった、はかないホステス稼業をしていると、「一度くらいは、幸運にめぐまれたい」と思うのも、ムリのない話だったのであろう。

①三歳馬のレースをねらうこと。（出世途上の馬は、馬主の虚栄心もあるので、不正がない）

②ローカルのレースをねらうこと。（平たん馬場では、コースでの実績があてになる。連勝馬が多いのは、そのためである）

③連勝馬同士なら、絶対、牡馬が強い。（仕上り早で勝ってきた牝馬は、ときどき惨敗する）

④好調騎手に信頼がおける。（ローカルには、そこ向きのジョッキーが必ずいる）

こうした、いくつかの「必勝の法則」を適用して、三年目で選び出したのが、新潟三歳ステークスのインタースペンサーである。人気はフジビゼンだが、同じ連勝馬同士では牡のインタースペンサーの方が先着する、というねらい。新潟のリーディングジョッキーの大崎で一枠。脚質も先にいけるので、不安はない、というのがとし美さんの「読み」であった。

ほかに人気馬としてはソデノヒカリ、テンマオーがいるが、これはともにインタースペンサーに土をつけられた馬であり、こわくはない。そこで、とし美さんは金曜日に三年分の貯金百四十四万円をおろし、「一晩、神だなにあげておいて」ふところに入れた。調教で、ソデノヒカリにかまれているのがちょっといやだったが、三年間の競馬のカンで、この馬には絶対負けない、ということだけはわかっていた。

「百四十四万円が、もしかするとなくなってしまうかも知れない、と思うと、もったいなくてね。できるだけ、遠まわりして場外まで行ったわ」

穴場へ札束を入れるとき、まわりの客がみんな見た。

「情報でもあって買うと思ったらしいのね。わたしにつられて、①の単を買う人が、ぞくぞくと出たわ」

出走前に、インタースペンサーの体重が十二キロ減ってると知ったが、それでもフジビゼンには負けないと思った。ところが、レースは、ゲートがあくとすぐに一勝無敗のトキノカタトラが逃げたのだ。八枠十三番に入ったサウンドトラックの仔の捨身の逃げで、二番手も同じサウンドトラックの仔のミヨシボーイがつけた。インタースペンサーは、チューリップステークスのときのように、やや余裕をもって三番手。

「いける」と、とし美さんは思った。

四コーナーを曲がってもトキノカタトラのスピードが落ちない。やや重の馬場で、ミヨシボーイも一杯に粘っている。とし美さんは一瞬青ざめた。しかし、インタースペンサーは、思うようにはのびない。大崎の手が動いた。

「インタースペンサー」と思わず叫んだ。

しかし、トキノカタトラはもうゴールへとびこんでいたのだった。二十八年の「暗い人生」、三年のひそかな準備、そして、たった一分十二秒のはかない敗北。それでも、とし美さんは言うことだろう。「むかし、あたしは競馬ファンだったのよ」と。

馬券蒐集狂の人生

昭和二十三年戸塚競馬の最終レースで、連勝①—④で五万円の大穴をとって、それからシッピンのケンという異名をもつようになった。その後、府中のA特ハンで野平好騎乗の馬をアタマに、またまた万馬券の①—④。大井、川崎でとった万馬券も①—④。すっかり①—④にとりつかれてしまったギャンブラーである。ことし五十八歳。ピンク映画の配給で知られる某社の課長をつとめ、その筋ではちょっと知られた顔である。

このシッピンのケンさんのコレクション・スクラップブックは、われわれ競馬ファンなら生ツバをのみこむような逸品ぞろい。大正十五年秋季、当時の金で二拾円の馬券。川崎競馬場で無番号の百円の珍品馬券。最近では、ハイセイコー、タケホープの引退最後の出走レースの記念として、全出走馬の単勝馬券、などなど、奇品、珍品がどっさり集められてある。的中した思い出の馬券も、コピーをとってスクラップに貼ってあり、「このときのレースはね……」と、話すときには、いかにも楽しそうに見える。

シッピンのケン――本名内藤憲一さん。その競馬歴三十年の競馬哲学は、「ケイバは人の裏をかくことしかやっていないからね、裏の裏をかくことで生きのびてゆくしかない」ということである。

そのくせ、結構、運命の不可思議さも認めており、軍隊時代に「釜石へ行け」と言われて、「イヤだな」と予感したら、うまい具合にはみ出してしまった。そうしたら釜石へ行った連中は、全滅したという。幹部候補生を受けろといわれて受け、モタモタしてたら「あいつはダメだ」と言われて、外地へ行かせられなかった。そうしたらガダルカナルへ行った同輩が、またまた全滅してしまった。

「何かこう、運がいいんだか悪いんだかわからないような人生」だったので、それをたしかめるために競馬に出かけてゆくのだろう。競馬場は、運命の見本市のようなもので、さまざまな運、不運がひしめきあっており、その中から、自分に一ばん似合った運をえらべるからである。

「競馬の日に、色白の人に会うとたいていダメ。まったくとれなくなる。何度も会ったことがあるが、一度もいいことがなかった」と言う。

馬券のコレクションをしているうちに、次第に、馬券デザインについても意見をもつようになった。報知新聞にのった投稿の、「今年のダービーの入場券のデザインにひと言。東京競馬場をバックに一コーナーから二コーナーにかけて疾走する競馬場の図柄が、改築前の柱の立っている旧スタンドで、使われている写真は十年前のものです。もし、昨年や一昨年のダービーの写真を今年用に使うのがふさわしくないという考えなら、むしろ第一回ダービーとか戦後最初のダービーの方が意義があったでしょう。せっかくきれいにできた入場券だけに惜しまれます」というものなどは、ただの好事家（こうずか）の域を出て、ちょっとした批評家の目である。

どうしてピンク映画の会社に入ったのか、ときくと「穴が好きだから」と答えるかも知れないが、そんな質問はしなかった。中年になって、ますます味の出てきたシッピンのケン。このへんで一つ「馬券評論家」として、馬券、入場券などの作り方についていろいろな意見を出してもらいたいところである。

名馬の消える日

人に好かれていい子になって
落ちてゆくときゃ一人じゃないか

という古い歌の文句ではないが、今回もまた「落ちていった人」のポートレートとなった。しかも、本人が「落ちていった、とキチンと書いておいて下さい」と言うのだから、いささかあわれをもよおす話である。

「私は、何事もキチンとしていないことはきらいなのです」という増山さんは、ことし五十四歳。かつての写真を見ると、いつもキチンと三つ揃いの背広を着ているが、今は失業者らしく、「キチンとおちぶれた格好」をしている。

この増山さん、十年前は都内のある学校のPTA会長をしており、しかも喫茶店を一軒経営していた。そのころ、競馬をやっていたが、「キチンと毎週出かけてゆき、キチンと第一レースから買っていた」のである。三月十五日生まれなので、馬券は①—③、①—⑤、③—⑤を必ず入れて買うという戦法で、私と知りあったのは、ソウリユウがレコード勝ちして、ベストルーラーが二着に来た①―③の中穴（三千円台）の京王杯オータム・ハンデの払い戻し所だった。

増山さんは、キチンとしたシマ模様のネクタイをしており、いかにもPTA会長らしく胸を張って配当を払い戻しており、それから、「コーヒーでも一杯」ということになって、私と並んで腰かけた。

「何事もキチンとやりとげるのが、私の人生哲学でして……」と増山さんは言った。

「終戦当時は、キチンと闇屋もやりましたよ」その増山さんが、倒産した知人から喫茶店を譲りうけたのは、まもなくのことであった。たまたまその喫茶店が麻薬の取り引きの場として利用されていて（本人は、そのことを知らずに、店を引きついだが）、麻薬常習犯だった客がつかまって、増山さんも「PTA会長の麻薬仲介」といったスキャンダルをまいて、店もPTA会長もやめるはめになってしまったのだった。

ついていない、といえばついていない話だが、増山さんは「いいかげんにごまかしたりせずに」「キチンと決着をつけた」つもりなのである。

それから、増山さんの転落は始まった。競馬場で会うたびに、増山さんの身なりはだんだん貧しくなってゆき、馬券を買う額面も少なくなっていった。それでも、元気だけはよく、いつも朗らかにしていた。

「ウィリアム・サローヤンの競馬小説に、いつもレースが終わったとたんに、取った！　取った！　と叫んで駆けだしてゆく老人が出てくるんですよ。それで、皆は、あの老人は予想の名人だ、と思ってるんだが、老人の身なりはちっともよくならない。相変わらずの文無しでね。しかも、だれも、その老人が馬券を買ったのを見たことがないというんだよ」と私が言うと、増山さんは答えたものだ。

「府中にも、よくそういう手合いがいるが、わたしは、取るときも、外れるときも、キチンと買っているよ」

その増山さんがぴったりと競馬場にこなくなったのは、今から思えばあのハイセイコーの敗れたダービーの日からであった。増山さんの姿を見なくなったが、どうしたんだろうね。と私たちは噂しあっていた。ますます生活が苦しくなって競馬どころじゃなくなったのだろうか？　それとも、体でもこわして寝ているのだろうか？　いずれにしても、キチンとするのが好きな増山さんのことである、このままごぶさたするということもあるまいに――と言っていると、案の定、一通の手紙がまいこんできた。

「前略。わたくし儀、このたび競馬をやめる決心をしましたのでお知らせいたします。理由は、ハイセイコーのダービーの敗戦であります。あれは、わたくしとしてはまったく納得のいかぬ負け方であり、キチンとしないものでありました。あのようなレースは、ファンとしては承知できないので、もはや、馬券など買わぬことにしたのであります」

話に聞くと、増山さんはダービーでハイセイコーの単勝で大勝負して敗れた、ということであった。いい競馬友だちを失ったものである。私はスシ屋の政の言った名文句をしみじみと思い出さないわけにはいかなかった。

「名馬の消える日は、必ずファンの一人が競馬をやめる日なのだ」と。

競馬は気分、人生も気分

父さんバクチですっちゃって
母さん男と逃げちゃった
あてもない頃汽車にのり
桜咲く頃みなしごで

と新人歌手の荒井沙知が唄っている。この唄の文句ではないが、お好み焼〈ひとみ〉のママさんの場合も、最初のうちは夫のバクチで泣かされたものだった。うちをほったらかしにして競輪に出かけてゆき、一カ月分のかせぎを全部スってきてしまうと、あとは、「おまえ、何とかしろ」と言うのである。

ママさんは、着物や指輪を質に入れて何とか支払いをすましていたが、そのうちに、「どうせ泣くなら、自分で負けて泣いた方がいい」と決心し、競馬をはじめることにした。「うちの父ちゃんの場合、気分よく出ていくときは勝って帰ってくるのよね。うかない顔して出ていくときはたいていダメ。それで、あたしも、気分のいいとき以外はやらないことにしたわけよ」

　ママさんは、よく夢を見る。いい夢を見たときはツイてるので、馬券を買ってもツイている。という楽天的なジンクスで、最高とったのが千円を、五十万円にしたときだという。

「この、気分買いで、あたしはあんまり損してないわね。父ちゃんは、いまだにダメだけどさ」

　いまでは近所でも評判のギャンブル夫婦。お好み焼屋の〈ひとみ〉も、〈一十三（ひとみ）〉じゃないかという客もいるほどである。

　ママさんの名言集から、

「競馬というのはね、人に金借りて買ったらゼッタイとれないね」

「気分のわるいとき、たとえば夫婦ゲンカしてるときなんかはゼッタイ負ける」

「あたしは馬の実力よりも顔ね。アッ馬が追いこんでくるときの、必死の顔が何ともいえずに好きなのよ」

「水が家に流れてくる夢は、すごくいいわね。で、流し馬券専門」

　水の夢のときは③―⑥が出る。金の夢のときは④―⑤が出る。火事の夢は②―⑤が出る。子供の夢は①―④。

　このジンクスは、大体あたる、というあたりになると、いささか神がかりの気がしないでもない。

「あたしは、あんまりいいファンじゃないのよ、馬の名前もぜんぜんおぼえないしね、騎手も関係なし。競馬の新聞読む人なんて、まったく気が知れない。一番大切なのは気分なんだ。

ハイセイコーだって、カブラヤオーだって、実力とはカンケイなく、気分がわるくて、本気で走る気になれないときに、負けるんだからね」

人生は、すべて気分次第というわけか。

「うちのお客さんにも、好きなのがいてね、土曜になるとさそいにくるんだよ。あたしも気分のいいときは、二時間位で仕込み終わっちゃって、サッサと競馬場へ出かけていくよ」

夫の負けを取り戻すガンバリママさん。こんなファンも十万のスタンドには、いるのである。たのしきかな、人生。

日はまた昇る

「ロンドンのカジノへ行って、クロークにコートをあずけたら、二十八番だったんですよ。ぼくは二月二十八日生まれですからね。〝これはいける〟と思って、ルーレット台で28の近くにばかり賭けたら、面白いほど当るんですよ。この日は儲かりましたね。ちょうど旅の終りで財布がすっからかんだったのを、一気に取り戻した感じです。ぼくはもともと、勝負運は強い方じゃないんですが、ここ一発ってときは何とかなるんですね。競馬でも、最終レースは強い。人生についても、晩年運だと信じていますよ」と言うのは、民放の音楽プロデューサーの岡本安正さんである。

競馬歴は十六年で、はじめたきっかけは、「先輩にたのまれて買いに行った馬券が大穴になったのを見たこと」だと言う。それから、だんだんエスカレートしていき、とうとう五人で一頭のウマをもつことになった。

「四人だと、足を一本ずつ持ってるが、五人だとどうなるんだ?」

「一人はシッポでも持つさ」というわけで、ワイワイガヤガヤ。

全員の頭文字（HINOS）をとって、ハイノーズクラブとつけた。買った馬はアラブ（抽選）、名前だけはワグナーの「トリスタンとイゾルデ」からとってイゾルデとつけた。福島まで三歳戦に、五人そろって応援に行ったが、加賀の乗った馬にハナ差で負けて、くやしい思いをした。

「でも、中山に戻ってきたときは、一番人気になりましたね。自分たちの馬が一番人気だというのは、わるくない気分でしたよ。テッセンバーキング以下を七馬身ぶっちぎって勝って、単勝は忘れもしない百三十円でした」

その後、ノド鳴りして体調をくずし、早目に繁殖に入れて、その代りに買ったのが「駄馬」だった。

「ロビンフッドとツユヒカリ。二頭とも、まったくいいとこありませんでしたね。それでとうとう、馬主業はあきらめたんですよ」

たのしきかな人生で、競馬だけではなくギャンブルなら何でもやるというプレイボーイである。

「この二年位、九星で馬券を買ってますね。馬の生年月日で馬の運勢を見、ジョッキーの運勢と合わせて見るわけね。たとえば嶋田功は一白だから一枠をひくとどうのこうの……って、あるわけですよ。それを信じてやって、このあいだは九千円台と万馬券と、一日に二つもデカイのをとりましたよ。ところが、それに忠実に買えばいいものを、つい迷う。半信半疑なんですね。どう見ても勝てそうにない馬に、星が的中していても、こわくて手が出ませんからね、サラリーマンじゃ。

このあいだ、カブラヤオーの負けたレース。あの日は七赤の日なんです。日が七赤で、月が一白。一白と七赤の日で、①⑦の日に、一枠をひいて、馬の生まれた日が七赤でしょう。で、ジョッキーの菅野澄の生年月日を足して、それを九星の方式にあわせると、組合せが①④⑦となる。こんなときは、大本命になった馬が必ず消えると友人に言われ、信じなかったのが失敗のもとでしたね。やっぱり、信じるなら、徹底的に信じないといけないと思ったな」

音楽プロデューサーをやって、真夜中にスタジオを出て、土曜日の新潟競馬をめがけて金曜日の夜をかけて、新潟へ向うとき、「人生は一レースのあそびだ」という実感がわいてくる。

カーラジオから唄が流れでてくる。

うちひしがれた心にも
日はまた昇る
日はまた昇る

哀れな男のバラード

ようやく大学へ入ったら、紛争の最中だった。いままでの受験勉強が、バカみたいに思えてきた。アルバイト先で、人にすすめられて、一枚だけ馬券を買ってみた。明け四歳馬の重賞レース、京成杯である。それが「偶然にも」的中してしまったのには驚いた。

ギャロップとゴールデンニットで、四十倍の配当だった。テレビを見て、興奮して「とった、とった」と店の客にみんなに言ってまわって笑われた。しかし、それは七〇年安保をめぐる激動期の社会で得た、たった一つの「たしかな手ごたえ」なのであった。

「それから、すっかり競馬ファンになりました」という田中さん。

ことし二十七歳のコピーライターである。「もしも、あのレースが的中していなかったら……」と言う。「たぶん、競馬なんか好きにならなかったと思います」

それを思えば、偶然が、彼にもたらしたものは大きかったということになるだろう。

ドストエフスキーは『賭博者』の中で、「世の中は、偶然のない人生もあるのですよ、お婆さん」と言わせているが、田中さんの場合は「偶然のある人生」だった。

いま、好きな馬は逃げ馬である。とくに、モンテオーカンが好きだという。「逃げ馬というのは四コーナーまわって、ゴール近くなると、苦しがってあえぐでしょう。必死になる。あの表情には、哀愁があって、ジーンとくる。だから、最初から最後まで、楽に行ってる逃げ馬はそんなに好きじゃない。ギリギリのところでねばり切るタイプの逃げ馬がいいのだ」と言うのである。

「天皇賞のパッシンググゴールね、あれもよかった。大体、後からくる馬っていうのは、ずるいんだね。マークしておいて、パッとかわすというのはひきょうなんだ。ハイセイコーを破った菊花賞のタケホープもずるい。ああいうレースは大きらいだ」というあたりになると、論理性はまったくないが、そのへんが競馬ファンの純情というべきか。

好きな馬、印象にのこった馬は、モンテオーカン、トーヨーアサヒ、ファイブワン、ホワイトフォンテンなどだという。いずれも逃げ馬だが、あざやかに逃げ切ったよりも、追いつかれて敗れた数の方が多いのだという点で共通している。

「ぼくは、シャンソンがすごく好きで、それもアズナブールみたいな哀れな男の唄が好きなんですよ。必死にやってるんだけど、思うようにはいかないというところがね。好きな女がいて、自分がせい一杯その女に好意をしめすが、伝わらない、なんてこともあるしね。だから、差し馬みたいに、サッとかっこよく来て勝ちをさらっていくような馬はどうも好きになれない。弱い男の最後の抵抗、そういう馬券を買うんですよ」

いささか、マゾヒスティックに見える競馬哲学である。これでは、さぞかし的中率も低いことであろう。

「とれるかどうかはね、そんなに大切じゃない。逃げ馬がでれば、それを買う。ま、じぶんの運だめしみたいなものです。この前のオールカマーのときも、グレートセイカンとホワイトフォンテンの二頭の逃げ残りに賭けたんだけど、なぜかホワイトフォンテンが逃げなかった。廏舎の親子関係ってこともあったのかも知れないけれど、あれは腹が立った。裏切られましたね。でも、日経賞のときのホワイトフォンテンの万馬券は、とりましたよ」

この逃げ男、二十五歳で早々と結婚し、いまは東京のアパートの二人暮らし。将来の目標は、まだ見えない。馬群の中でもまれながら、抜け出してハナを切りたいとあえいでいるような生活だという。冬来たりなば、春遠からじ、というところか。

馬の足一代

ドサまわりの芝居で、馬の足ばっかりやっていた中村歌十じいさんが死んだ。親戚一同が集まって、歌十じいさんの思い出話をしているうちに、競馬のことになった。

「そういえば、歌十じいさんの財布には③—⑦の馬券が十枚入っていたそうだ」と、だれかが言った。

たぶん、外れ馬券だろう、ということになったが念のために調べてみたら、この③—⑦は、ことしのＡＪＣ杯（ホワイトフォンテンとコクサイプリンス）の的中馬券なのであった。七十七倍の配当だから、ざっと十五万円である。あの貧乏な歌十じいさんが、換金せずに馬券で持っていたのは、よっぽどうれしかったのだろう、ということになった。

何しろ、馬が好きで上京し、馬事公苑を四回つづけて受けて、四回落第し、それでも役者になって「日本一の馬の足」になった歌十じいさんの「ウマ馬鹿」ぶりは、話のタネとしてつきることがなかった。

ところで、今週紹介する宮崎聡君も、ウマ馬鹿の役者である。しかも、馬の足などではなく、「ちゃんと一人前の人間を演じている」というから、ほんものなのである。

ハイセイコーが地方から上京し、「あの馬こそは、俺の代理人」とばかり、ハイセイコーに賭けつづけた、というところはハイセイコー信者の例に洩れない。

「皐月賞で、ハイセイコーの単勝に賭けた五千円は、じぶんとしては大金でしたからね、勝つとわかっていてもスリル満点でしたよ。それが、六千円ちょっとで、安かったけど、ま、確信をふかめたというかね、何かこう安心感のようなものを味わいました」

実家が九州で看護婦、医師の白衣を扱う店をやっているので、白で一枠ばかり買いつづけるかといえば、さにもあらず。大体が、先にゆく馬が好きで、ハイセイコーのほかには、トーヨーアサヒ、ラファール、そしてティンカーベルなどが印象に残っていると言う。

反骨の馬の足、歌十じいさんはハイセイコーが大きらいで、イチフジイサミのファンだったが、宮崎君の方は、二枚目よろしく、ハイセイコー党である。

何といっても忘れられないのは、四十九年の中山記念の泥んこ馬場で、タケホープ以下をぶっちぎって勝ったレースで、「よッ！　千両役者！」と声の一つもかけたくなったというから、若さに似合わぬ正統派というところだろうか？

そのくせ、やってる芝居の方は「真夜中のティンカーベル」などというタイトルのアングラ芝居。そのへんもまた、「塩原太助」や「決戦川中島」をやっていた歌十じいさんと対照的ということになる。

　歌十じいさんは、「馬の足」という職業柄、どうしても、足に特色のある馬が好きで、タイテエムが走っていた頃は、舞台でも白足袋(しろたび)をはいて馬の足を演じて、座長にどなりつけられたというエピソードもある。宮崎君も、祖父が博多仁和加の芸人で、遊び人だったというし、叔父は馬を何頭か、小倉にもっているという。そのおかげで、宮崎君も子供時代には馬に乗せてもらったことがあるということである。

　歌十じいさんは、「馬の背中と舞台と、どっちが高いかってきかれたら、ほんとに弱っちまうんだねえ」と、馬の背をはなやかなものとして考えていたが、そこは現代っ子の宮崎君。

「乗ってみたら、馬はまっすぐ歩いてくれない。勝手に道ばたの草なんか食べてるんですね。たぶん、これが道草の語源のはじまりじゃないでしょうか」などと、のん気なことを言っているのであった。

　さて、その宮崎君も、ことしで二十二歳。目標のハイセイコーが引退した今となっては、何を目標にして次の人生の設計をするつもりなのかな？　三歳馬には、新しいヒーローの出現の気配がまったくないわけではないのだが……。

昭和無頼派タカツバキ

今、住んでいる下宿が三畳でね、階段の真下だから、実際は二畳分しかないんだよ。夜おそく帰ってくる奴が多いんで、頭の上がギシギシ鳴って、寝てられりゃしない。仕方がないから、昼間寝てるよ。バーテンやったり、やめたりで、食ったり、食わなかったりの生活。大学時代に政治運動でドンパチやって、時代に裏切られたというか何というか、これといった希望もないしね。

好きな馬はトウカンタケシバ。あいつは、タケシバオーの仔のくせに、体が小さくてケンカ早いっていうかね、ピリッとしたところが気に入っている。

ずっと追っかけているが、皐月賞でテンポイントとせりあったときは、やったと思ったね。ああいう、スターみたいな馬は好きじゃないからね。できるなら勝ってほしかった。菊花賞のときは、トウカンタケシバじゃムリかなって気もしたんだが、一応、祝儀のつもりで総流ししたら同枠のグリーングラスが来て大穴になった。じぶんがダメでも、馬券買ったファンには、ちゃんと配当つけてくれるんだから、義理がたい馬だよ。愛知杯も(わざわざ名古屋まで行ったかいがあって)総流しして、ひともうけさせてもらった。おれとは、きっと相性がいいんだと思っているよ。

おれはときどき自分を「馬にたとえると、何だろうな」って考えるんだけどもね、いつも頭に浮かぶのは公営上がりのタカツバキのことだ。ちょっと、馬の方がカッコよすぎるがね。

ともかく、昭和無頼派にはふさわしい馬だったね、タカツバキは。あの馬は、アバラ骨が一本なくってね、野性味たっぷりの荒馬だった。ダービーで一番人気になって、スタートしてすぐに落馬してしまった。アッというまだったね。

おれは、有り金全部かけてたからね。たちまち無一文さ、不運な馬だった。もしかしたら、あの馬は、おれなんじゃないかって気までしたよ。たぶん、もっと走りたかったろうな、って思うと、損したおれより、走れなかったタカツバキの方が、もっと無念だったろうなって気がした。

なぜ、競馬にひかれたかって言うと、あの「飢餓」の感じだね。馬券を買うやつも、ファンも目が生きている。血走っている、というかね。はじめて馬券を買ったのは、バーテンやってたときだけど、マスターに頼まれて場外に行ってびっくりしたよ。あの一列に行列して穴場から馬券をうけとる光景は、まるっきしアウシュビッツの強制収容所のイメージだからね。

ほかに好きな馬っていうと、年とってからのイナボレスとか、トウショウロックだね。とくに、雨馬場得意の中年男イナボレスってのは、戦後焼け跡派のムードってところかな。

ことしは春にバンビーナとアッシュールの⑧—⑧の万馬券で、サラリーローンの返済にあてた。もともと、おれはゾロ目が好きだからね。ことしは、随分⑧—⑧を買った。競馬場には、いつも一人でゆく。女連れて競馬へ来てる奴みると、あほかって思う。

酒は好きだが、半年前に血を吐いてね。何でだかわからんが、そのうち吐かなくなったので、大丈夫だろうと決めて、また飲んでるよ、毎晩。

たずね人馬券

本名立野育子。店ではあけみということになっている。蒲田の酒場のホステスである。たまたま、雨やどりのつもりで入って身の上話を聞かされて、それから私はちょくちょく通うようになった。五年前の話である。

——ひとりかい？　と訊くと、「今はね」という返事。実は、正式に結婚式まであげた夫（立野勇己）が、ある日、ふらりと出たまま、それきり帰ってこなかった、というのであった。アパートに残されたあけみさんは、二日待って交番に「たずね人」の捜索依頼を出した。ふだん、無口な夫だったが「別に夫婦仲もわるくなく、喧嘩もしなかった」というから、まったく原因がつかめなかったのである。

そのあけみさんの前で、いつものように競馬新聞をひらいていると、「あらッ！」とあけみさんが大きな声をあげた。「いるわ」というのである。

サラ四歳（未出走未勝利）タツノイサミ。まったく同姓同名馬である。

「ねえ、馬になっちゃったのかしら、ウチの人」と冗談まじりに言って、「この馬の単勝買ってくれない？」と千円札渡された。

タツノイサミ（父エイトラックス、母サザンシース）、中山の西塚廏舎所属の黒鹿毛であった。四歳の四月三十日に初出走し、十八頭立ての四着しているから、こんどあたりはチャンスかもしれない。私は「いいよ」と気軽に引きうけてやった。

しかし、レースはにわか雨で重馬場になり、タツノイサミは十二頭立ての中団からズルズルとさがって、十一着と惨敗した。

「だめなのよ」とあけみさんは言った。「うちの人は、雨きらいだったからね」

私も、「ま、この次は人気もなくなるからチャンスかも知れないさ」となぐさめてやったが、六月四日の中山の未勝利戦でも、タツノイサミはサガジョウ以下にあっさり敗れてしまったのである。

夏競馬になって、タツノイサミが函館、札幌へ転戦することになると、あけみさんは、「あたし北海道に行ってみるわ」と言い出した。

たぶん、馬のタツノイサミとのつながりを保つことが、行方不明の夫タツノイサミとの唯一の思い出だとでも思ったのだろう。

だが、北海道でも、馬のタツノイサミの成績はふるわなかった。四歳の未勝利戦十四頭立ての十三着（勝ったのはマルブッスター）、札幌の未勝利の二戦は十六頭立ての九着（勝ったのはメジロヒスイ）、十一頭立ての六着（騎手が内田守から吉岡に乗りかわったが）だった。

日焼けして帰京したあけみさんは、「帰ってすぐ、郵便箱を見たの」と言った。「ほんとは、留守にしていれば、ハガキぐらい来てるかなって気がしたのね」

しかし、やはり夫のタツノイサミさんからの消息はなく、馬のタツノイサミは未勝利のままであった。

「何だか」と、あけみさんは言った。「タツノイサミの勝つ日に、うちの人が帰ってくるような気がするわ」

酒場のホステスの悲願と言ってしまえばそれまでだが、あけみさんは決して「立野」という表札をはずそうとはしなかった。

その後、タツノイサミは新潟へ転戦して、未勝利戦で、二度つづけて二着した。もう一息だ、と私は思った。十月十四日、七頭立ての未勝利戦で、タツノイサミはとうとう一番人気に推された。

「こんどこそ勝つだろう」と私は言った。「うちの人が帰ってくるわ」と、あけみさんが言った。

だが、先行したタツノイサミは、直線で今一つの粘りを欠いてヒノデハッピーに敗れた。ヒノデハッピーも内国産（アズマテンラン）馬で、十四戦目でやっと拾った勝利であった。

その夜、あけみさんは朝まで飲んでいたという話を聞いたが、それきりアパートには帰ってこなかったという話である。私も、それきり、あけみさんとは会っていない。馬のタツノイサミは、まもなく地方へ売られていったという話を聞いた。あわれ、去年の雪、いまいずこ？

馬券は蝶である

「勝者には何もやるな」と言ったのは、ヘミングウェイだが、ここにも、「一、二着の馬なんか見ていない」という変わったファンがいる。高田馬場でマージャン屋を経営する山崎さんである。

「テレビ見たって、一、二着の馬なんて興味ないね。四、五着でいい足をしていたのを見ておいて、次にねらうんですよ。大体、弱い逃げ馬をひいきしたり、勝てなくても、いつもがんばる馬が好きになったりする。それで、その馬がほんとに強くなってオープン馬になると見放すってわけですよ」

マージャン屋を経営するくらいだから、根っからのギャンブラーだが「ムキになれない」「人を押しのけてまで勝とうって気になれない」というから、運まかせの好きな人なのである。

「たとえば五万円持って競馬場へ行くでしょ。それで三万円スッたら、その日はあきらめることにしているんです。五万円全部つぎこんでスッカラカンになるまで勝負しよう、って気になれないんですね」

むかしのトウコン（逃げ得意の黒馬）は好きだったが、いまはホワイトフォンテン（逃げ得意の白馬）はきらいだという。ホワイトフォンテンの派手さが気にくわないのだろうか？

「あるとき、公営でね、知り合いが八百長レースがあるって話を持ってきた。大井でね。⑦枠の馬が本命で、④と②枠が対抗だってことになっていたんです。で、その男が言うことには⑧枠の馬と、⑦の同枠の二頭がせりかけていって、本命馬と共倒れになるように筋書きができてる。④と②の騎手には、ちゃんと話がつけてある。だから勝つのは、⑤枠の馬だというんですね。⑤枠の馬は、追い込みだから、先行がせりあってペースが早くなった分だけ有利だしね。②と④もいらない、⑦もいらないとなると話は簡単で、①—⑤、③—⑤、⑤—⑧の三点で勝てるってわけですよ。

そこで、これを厚目に勝負して、念のため⑤—⑦、②—⑤、④—⑤とおさえようと思った。何しろはじめての八百長だったので、内心ゾクゾクしましたね。①—⑤で八十倍、③—⑤で九十八倍、⑤—⑧五十七倍。思い切って⑤の単複を四万円入れ、⑤—⑧に二万円、①—⑤に一万円、③—⑤に一万円、⑤—⑦に一万円、それで九万円で、あと②—⑤と④—⑤に五千円ずつ内緒でおさえた。

レースは、⑦がポンと出て先行し、言われた通り、⑥と⑦枠のもう一頭がせりかけていった。そして、向こう正面で、とうとう⑦の本命馬はせりつぶされてしまった。

四コーナーを曲がるまで、最後方にいた⑤の馬が大外から来た。とった！　と思いましたね。

ところが内枠にもう一頭ねばっていたのがいて、一着は写真判定になった。で、結局、勝ったのは②枠の馬でした。②―⑤で十倍の払い戻し。⑤の複勝だけがもうけで、結局はプラス二万円だったが、ほんとにヒヤッとしましたよ。

あとで、あれでも八百長か？　って言うと、男はニヤリとしましてね、実はあれはウソだったと言うんですよ。⑤枠の馬の調子がすごくよかったので勝つと思った、と言うんです。でも、⑤枠が勝つと予想しても、わたしが買うとは思わないので、勝たせたいという善意からウソをついたというわけなんですね。その男も、⑤の単複を買っていましたよ。なんか、こう、同じ馬券を買うってのは、友情の証文みたいなもんで、おかしなもんだなあ、って思いましたよ」

マージャン屋を経営し、競馬にかけつづける山崎さんのもう一つの趣味は蝶の採集だそうである。もう、かれこれ二十年。「いまじゃ、部屋中に蝶があふれてる」という。

クワラルンプールのジャングルから、タイのチェンマイまで、珍しい蝶のいるところへは片っぱしから出かけていった。蝶の卵をビンでかえして育てるというほどのマニアである。

「ねらっていた蝶をつかまえたときの感じと……」山崎さんは言った。「競馬の馬券をとったときの感じは似てますね。何かこう、手ごたえがある、って感じです」

ことし三十六歳。

思い出ボロボロ

「女好きだからね」と、河内さんは言った。

「人生も競馬も、ねらった女は外さないということかな?」と訊くと、「まあ、それほどキザなもんでもないけれど、不思議に牝馬だけのレースだと、よくとれるんです」と言った。

　河内さんは、深夜スナックで、ブルースを弾き語りしている歌手である。

　去年の五月だったかな、キャバレーへ遊びに行って、ショータイムの余興で、バンドの伴奏で一曲唄ったら、そこのホステスの桃太郎って女が抱きついてきてキスをするんですよ。それでまあ、おれを好きだというんだね。おれも悪い気はしないからね、そのまま二人でホテルへ行きました。

　いろいろ話していたら、その桃太郎がね、「今夜かぎりで店やめて、明日から川崎のトルコへ行かなくちゃならない」って言うんですよ。それで、最後の客だったおれと寝ようって気になったんだと思うけどね、彼女、何か事情がありそうだった。

　わるいと思って、深くは訊かなかったけどね、彼女、「あたし、あしたからトルコの桃ちゃんになるのよ、うそみたい」ってはしゃぎました。いや、うそみたいだけどね、ホントの話でね。

それがダービーの前夜でした。おれは、彼女と寝ながら、馬のことも考えてたんですよ。ちょっと、わるいかなあ、って思いながらね。それで、朝、桃太郎と別れてね、その足で競馬場へ行きました。彼女、その後どうしてるかなあ。

きいておきたいことがある　だけど
思い出ボロボロくずれるから
ひとみこらしてやみん中

「競馬やってて、何かジンクスのようなものは?」と訊いてみる。

「ジンクスじゃないけどね」と河内さん。

「おれは、心の中で念じることにしてるんです」

「何か、呪文でも?」

「いや、頼むから、走ってくれよ、って唱えるんです。セオリーも何もない。ただ、ひたすら、それをくりかえすだけ」

場末のスナックで、売れないブルースを唄い、競馬に夢を託して生きる河内さんの故郷は山形である。家業は足袋製造。「ひとの足を相手の商売やっても面白くない」と思って、フラッと東京へ出てきてしまい、それからずっとギターを抱いた渡り鳥。弾き語りのジプシー暮らしをしている。

「逃げ切る馬より、差される馬の方が好きになりますね。逃げて逃げて、あと一息のところで差されてしまう馬が何とも言えず好き」なのだそうである。

　さしづめ、「キャッシュボア。近ごろではセーヌスポートなんてところにひかれます」

　それでも内心は、クラシックロードにのった馬にあこがれている。そして、人生の方でも「オープン入り」したいと思っているのである。

「このごろはね、ふっと、サラリーマンになりたいな、なんて思うんです。ま、ブルースの弾き語りと競馬ざんまいじゃムリでしょうが、それでも必死で、ツテやコネにあたっているんです。なれますかね、わかんないけど、わりに本気でサラリーマンになって、家庭を持ちたい、なんて思ってます。ネクタイをね、しめてみたいんです」

　それでも、まだまだ条件クラス。歌手としても、オープン入りの日は、はるかかなたに思われる。

「ことしも、だんだんダービーが近くなってきましたね」と河内さん。「また、前夜にはキャバレーにでも行ってみたいと思ってますよ。どんな出会いがあるかもしれないですからね」

女と泊まって、朝、ホテルからダービーへ出かける人生――それをくりかえしているうちに流れてゆく歳月。ああ、桃太郎さんは、その後どうしているのかな?

大安の日は荒れる

ペラペラッと「高島易断」の本をめくる。

「ホラ、一月二十二日は七赤金星。で、七赤金星の相性を見ると、二黒五黄と八白、これが大吉なんですね。それと、一白、六白、七赤が吉です。これが、必勝法のヒントですよ」と言うのは、喫茶店〈らいと〉の経営者の水落さんである。

「どんなヒントになるのかな?」と訊くと「まず、荒れるレースをさがすんです。二黒の二、五黄の五、八白の八。二レースと、五レースと、八レースが荒れる。それと、一白、六白、七赤の一レース、六レース、七レースもチョイ荒れです。たとえば、明日の八レースだと、本命はいらない。対抗から一点見つけて買えばいい、ということになる」

こうした買い方を、笑うことはできない。競馬のたのしみ方は、人さまざまだからである。

「私の経験では……」と水落さんは言う。「大安の日は、競馬が荒れる。それと、五黄の日、九紫火星の日ですね。九紫火星の日の九レースは、必ず荒れますよ。金杯がそうでした。⑤—⑧はバッチリいただきました」

「ということは、競馬の勝負は、運で決まる、という考え方かな?」と私は訊いてみる。

「まあ、そうですね。この一年位前から、気学で買うようにしてますよ。競馬は、血統だけじゃない、実力だけじゃない。偶然ですよ。それを知ってやってると、負けたってあきらめがつきますよ」

十年前に「お母さんみたいな人」と、今の店をはじめた。その頃、「お母さんみたいな人」と一緒に競馬をはじめた。十年のあいだには、いろんな思い出もあるが、好きな馬は荒れ馬だった。気違いだと言われたカブトシローなどは、好きだった馬である。

新宿の場外に、まだ五百円券売ってた頃には思い出も多かった。早起きしてアラブの第一レースをよく買いに行った。

五十四キロだと必ず連にからむが、五十五キロだと斤量負けするヤマオオジが五十六キロ背負って出てきたのを、ためしに買ってみたら九千いくらついて大穴になった、ということもある。何しろ、競馬はアラブの第一レース、目は①—⑧という狙打ちして、四回つづけて中穴をとったこともある。怪物ゼネラルパーク、ムツミシゲル、などなど印象に残っている馬である。

大体が一流血統ではなく、ハンデ泣きする馬が好き、というあたりに、性格が出ている。外国産馬よりも、父内国産馬が好きだというのも、水商売で、「お母さんみたいな人」と暮らしている男の、反体制的な意地だろうか？

「好きな目は？」と訊くと、「二枠です」と答えた。「二枠は黒だからね」

黒といえば、アナーキズムの色、反政府の色である。それと「八枠もいい」と言う。「八枠は桃色、ピンク」である。桃と黒の二色には、無頼に生きるものの心情がにじみ出て、この人らしい気がする。

「よく見て下さい。②―⑧は、大体、三千円以上の穴になってますよ」

ほかには、趣味で熱帯魚を飼っている。グッピーの血統を交配して（サラブレッドの名血を作るように）苦労し、全日本チャンピオンコンクールで、三位をとったこともある、という。「しかしほんとうは血統だけを信用してるわけではない」から、結局、アラブや父内国産馬を買うことになる。そして、馬券をとって、「運がよかった」とうそぶく。「競馬も人生も、最後は偶然が支配している」という水落さん。

あなたは知っているかな？　ドストエフスキーの小説の中で、ひっそりとさびしく死んでゆく女の最後の台詞は、こういうのだったことを。

「どうか、世の中には、偶然のない人生というのもあるんだということを、忘れないでくださいね」

人生すべて数次第

ゆきつけの酒場のカウンターにトランプを並べて一人占いをしていたら、隣の男が声をかけてきた。

「明日の未勝利戦はメイワリキヤで決まりですよ」

「どうしてだ?」と訊くと、隣の男はだまって笑って出ていってしまった。一月十五日の夜のことである。よくあるコーチ屋の「悪魔のささやき」かと思い気にもとめなかったが、あくる日の未勝利戦を見て驚いてしまった。それまで後団のまま二敗したメイワリキヤが一気に逃げて勝ち上がってしまったのだ。いったい、あの男は何者だったのだろう、と思っていたら、たまたま、別の酒場のカウンターでばったりと出会った。

「あの、メイワリキヤはどうしてわかったんだね?」と訊くと、男はだまって笑っているので、「ニジンスキーの仔が好きなんだね」と言うと「馬が好きで競馬やってるわけじゃありませんよ」と、言い返してきた。

「私の興味のあるのは、数字だけです」そして、「ぼくには一つ、セオリーがありましてね」と言いながら、秘密を紹介してくれた。

それは、四着の次には一着が多い、というもので、「休養あけ四着してる馬は一着になるってものなんです。たとえば、休、四着、四着と走ってきた馬は一着するというジンクスがある。ほぼ、八割はかたいですよ。数字の一のことをピンといいますが、四・四・一（ヨン・ヨン・ピン）というのは、かなりの確率です」と自信をもっていった。

「次が、休、四着の馬のヨン、ピン。これは確率はやや落ちるが、それでもしばしば的中する。その次が、休、九着、四着、一着です。これは一つの定理ですからね。

競馬を知らなくてもいい。馬を好きじゃなくてもいい、誰でもできることなんです。ですから、ぼくは競馬新聞なんて、サッと目を通すだけ。定理に合った馬を探せば、あとは用はないんですよ。人気、血統、体重、展開、脚質、ハンデ、調子、（笑）まったく関係なし。ギャンブラーは勝てばいいのです」

「その定理は、いつごろから？」と訊くと、彼は、「一九七五年に発見しましてね」と言った。「その方程式の解き方がわかってまもなく、日経賞がありました。ぼくは人気を無視して、セオリー通りにホワイトフォンテンから入って見事、万馬券をとりましたよ」

「で、その定理の根拠は？」と訊くと、「いや、それをあかすわけにはいきませんね」

と言った。「ま、ほかにも十レースに①—⑥が多いとか、九レースにカブの目（①—⑧、②—⑦、③—⑥、④—⑤）が多いとか、十レースには⑥枠が来るとか、いろいろありますがね」

この「人生すべて数字」といい、「時も金も、すべて数できまる」という男、広田繁三郎さん。根っからのギャンブラーということになるだろうか？

昭和九年九月二十九日生まれと、カブの目にめぐまれたが、勤め先の会社は倒産し、最近新しい会社に移ったばかり。馬の定理も、会社の方には適用しなかったあたりに、運命の皮肉を見る思いがするのであった。

ライバフットのような男

酒場で。スシ屋の政が、女房に逃げられた男をなぐさめている。

「妻が家出をしたときは、夫は馬を描くといい、という諺があるんだ。中国では、妻がその馬に乗って帰ってくると信じられているそうだよ」

「じゃあ、馬でも描くか」と言って、自嘲気味にカウンターに指で馬を描く男。

そばで、「馬よりも新幹線を描いた方が早く帰ってくるんじゃないの」と言って笑い出すトルコの桃ちゃん。

いずれにしても、長い人生である。女房に逃げられることくらい、あったって仕方ないではないか。そのかたわらで私は〈シロー〉のカウンターチーフをやっている井村さんの競馬歴を聞いていた。

「むかしは運の悪い馬が好きだったけどね。最近は落ち着いたせいか、強くって勝つ馬が好きになりました」

「つまり、馬の好みは、自分の生活をそのまま反映させるってことだね？」

「ま、そんなところでしょう。ぼくは短気な性分で、ま、馬にたとえればリマンドの仔かセダンの仔ってとこじゃないかって思ってますよ。ライバフットみたいなもんですよ。ぼくがもしレースに出たら、十回に一回くらい大駆けして万馬券を出し、次も来るぞって思わせておいてビリケツだったりしてね。楽しいじゃないですか、そんな生き方も」

外は雨が降っている。酒場はヒマである。

井村実、二十六歳。少年時代からの放浪癖があって、三重県の伊勢志摩から大阪、名古屋を転々としながら東京へ出てきた。いわゆる「バイト渡り鳥」である。家を出たきっかけは、おやじに「他人のめしを食ってこい」と言われたことだった。

「これといって目的もなかったけど、家へ帰るのもシャクだからね」

英国の王立人類学協会発行の「マン」（一九一四年）に、放浪癖の男が、不死を求めてゆくと占い師に、それは馬の体内をくぐることだと教えられ、真夜中に「不死をもとめて」馬の女陰から中に入ろうとして殺された男マウイの伝説が載っているが、井村さんもまた放浪のあげくに、馬とめぐりあったというところだろうか？　もっとも彼の場合は、馬の女陰に入ってゆこうとしたわけではなかったが。

「しかし、もし不死が手に入るとしたら、どの馬の女陰に入ってゆくのかな？」とスシ屋の政。

「おれならトウメイか、ハクセツだ」

「いや、ベロナだろう」

「ベロナは死んだよ」

「ビューティロックも大しりだったな」

「ミストウキョウなんてのも、いい女馬だったよ」

「寺山さんは、ミオソチスだろ」と言われて、私はだまった。

「近ごろ、ぼくのジンクスは……」と井村さんが言った。「迷ったときは、出目に頼って買うことです。それとバイオリズムですね。いや、馬のバイオリズムというよりは、自分のバイオリズムですね。それでときどき穴もとる。昨年のダートの条件レースで、チヨウヒとタンデイボーイの万馬券をとりましたよ。一万三千円ついたかな。これはもうかりました。もちろん、損することの方が多いけどね。そんなときは、バイオリズムが低下してるな、ってあきらめて早めに蒲団かぶって寝るようにしてますよ」

「競馬のほかの楽しみは?」と訊くと、「水商売やってますからね。ホテルマン、バーのカウンター、キャバレーのマネージャー、いろいろやってきて、いまはカウンターの中で料理作ってる。自分の作ったものを、お客さんがうまいって言ってくれると、最高だな、って思いますよ。その気分は馬券買った馬がゴールへとびこんだ瞬間と同じでね、やったという気分ですよ」

雨はますますひどくなってきた。女房に逃げられた男はカウンターで眠ってしまった。井村さんは、あすは仕事がある。トルコの桃ちゃんは、あすは休みだそうだ。さて、と私は立ち上がった。あしたは天気になるだろうか？

あとがき

本のあとがきを書くのは、何となく最終レースのたのしみに似ている。勝っている日は、軽くあそぶつもりになり、負けている日は、一発逆転をねらって力がこもってくるからである。

さて、このあとがきがどっちに当てはまるかは読者に決めてもらうしかない。ヘミングウェイは「勝者には何もやるな」と言ったが、私もまた、競馬でたのしみ、書くことをたのしんだうえで、何かもらおうとしたら、それは贅沢というものだろう。

二十余年の競馬歴は、「少年老いがたく、学もまた成りがたし」といった教訓をのこしてくれた。

スシ屋の政、トルコの桃ちゃん、そして「無宿人別帖」に登場した多くの競馬友だちをはじめ、私と一緒に競馬場のからっ風の中を、メモ帖一冊もって取材につきあってくれた高取英と、新書館の白石征に感謝したい。そして、この本のできあがりの第一冊目は、テンポイント号の霊前にささげたい。日も暮れよ、鐘も鳴れ——月日は流れ、私は残る。

寺山修司

本書は一九七九年に新書館より刊行された『旅路の果て』を文庫化したものです。

作品中、今日では差別的表現と思われる語句が一部にございますが、発表当時の時代性を鑑み、そのままとしました。

JASRAC 出 2306234-301

旅路の果て

二〇二三年一〇月二〇日　初版印刷
二〇二三年一〇月三〇日　初版発行

著　者　寺山修司
発行者　小野寺優
発行所　株式会社河出書房新社
〒一五一－〇〇五一
東京都渋谷区千駄ヶ谷二－三二－二
電話〇三－三四〇四－八六一一（編集）
〇三－三四〇四－一二〇一（営業）
https://www.kawade.co.jp/

ロゴ・表紙デザイン　粟津潔
本文フォーマット　佐々木暁
本文組版　株式会社創都
印刷・製本　中央精版印刷株式会社

Printed in Japan　ISBN978-4-309-41994-7

青少年のための自殺学入門

寺山修司　41567-3

鬼才・寺山修司が自殺をあらゆる角度から考察しつくし、生と死を問いなおすいまだに衝撃的な〈自殺学〉への招待。

絶望読書

頭木弘樹　41647-2

まだ立ち直れそうにない絶望の期間を、どうやって過ごせばいいのか？いま悲しみの最中にいる人に、いつかの非常時へ備える人に、知っていてほしい絶望に寄り添う物語の効用と、命綱としての読書案内。

本を読むということ

永江朗　41421-8

探さなくていい、バラバラにしていい、忘れていい、歯磨きしながら読んでもいい……本読みのプロが、本とうまく付き合い、手なずけるコツを大公開。すべての本好きとその予備軍に送る「本・入門」。

ぼくの宝物絵本

穂村弘　41535-2

忘れていた懐かしい絵本や未知の輝きをもった絵本に出会い、買って買って買いまくるのは夢のように楽しい……戦前のレトロな絵本から最新絵本まで、名作絵本の魅力を紹介。オールカラー図版満載。

きっとあの人は眠っているんだよ

穂村弘　41810-0

本屋をめぐり、古本屋をのぞき、頁をめくって世界と出会う本の日々。「週刊文春」に好評連載された読書日記。「今日買ったこの本は、悪魔的にロマンティックじゃないか」。

これから泳ぎにいきませんか

穂村弘　41826-1

ミステリ、ＳＦ、恋愛小説から漫画、歌集、絵本まで、目利きの読書家が紹介する本当に面白い本の数々。読んだ後では目に映る世界が変わる、魅惑の読書体験が待っています。

お楽しみはこれもなのじゃ

みなもと太郎　41854-4

ギャグ大河漫画『風雲児たち』の作者にして天下無比の漫画研究家、みなもと太郎による伝説の漫画エッセイ集。膨大な作品をとりあげながら、漫画の魅力をイラストとともに語る、漫画史に輝く名著。

永井豪のヴィンテージ漫画館

永井豪　41398-3

『デビルマン』『マジンガーZ』『キューティーハニー』『けっこう仮面』他、数々の名作誕生の舞台裏を、天才漫画家が自らエッセイ漫画と文章で自在に語る。単行本版未収録インタビュー他を追加収録。

漫画超進化論

石ノ森章太郎　41679-3

石ノ森がホスト役となって、小池一夫、藤子不二雄A、さいとう・たかを、手塚治虫という超豪華メンバーとともに語り合った対談集。昭和の終わりに巨匠たちは漫画の未来をどう見ていたのか？

藤子不二雄論

米沢嘉博　41282-5

「ドラえもん」「怪物くん」ほか多くの名作を生み出した「二人で一人のマンガ家」は八七年末にコンビを解消、新たなまんが道を歩み始める。この二つの才能の秘密を解き明かす、唯一の本格的藤子論。

妖怪になりたい

水木しげる　40694-7

ひとりだけ落第したのはなぜだったのか？　生まれ変わりは本当なのか？　そしてつげ義春や池上遼一とはいつ出会ったのか？　深くて魅力的な水木しげるのエッセイを集成したファン待望の一冊。

なまけものになりたい

水木しげる　40695-4

なまけものは人間の至高のすがた。浮世のことを語っても、この世の煩わしさから解き放ってくれる摩訶不思議な水木しげるの散文の世界。『妖怪になりたい』に続く幻のエッセイ集成。水木版マンガの書き方も収録。

夕暮れの時間に

山田太一　41605-2

十一歳で敗戦をむかえ、名作ドラマの数々を世に届けた脚本家は現在の日本で何を見、何を思っているのか。エッセイの名手でもある山田太一がおくる、心に沁みる最新エッセイ集。語り下ろしインタビュー付。

半自叙伝

古井由吉　41513-0

現代日本文学最高峰の作家は、時代に何を感じ、人の顔に何を読み、そして自身の創作をどう深めてきたのか——。老年と幼年、魂の往復から滲む深遠なる思索。

だれもが子供だったころ

内海隆一郎　41878-0

布団の中で数えた天井の顔、子供だけで乗った新幹線、両親の喧嘩、父親の死——子供の目線で世界を捉える49の掌編集。日常を丁寧に描き、教科書や入試問題にも長年採用されてきた作家の名作を新装復刊。

北帰行

外岡秀俊　41915-2

北海道の炭鉱町から東京に集団就職した「私」。雪国を背景に啄木の人生と私の青春を、抒情的かつ流麗な文体で描く。急逝した作家・名新聞記者のデビューを飾った、文学史に燦然と輝く伝説的名作。

人生讃歌

小檜山博　41478-2

北の原野で生まれ育ち、極貧の絶望にあっても、ひたむきに生きた。人の情けに涙し、人の温もりに支えられた——。時が流れ、振り返れば苦難の道もすべて輝く。生きる希望が湧いてくる感動のエッセイ！

若き詩人たちの青春

三木卓　41738-7

鮎川信夫、谷川雁、田村隆一、長谷川龍生……。詩人たちが集い、いきいきと躍動していた1950－60年代。戦後の詩壇を鮮やかに彩った詩人たちの、知られざる素顔を描く記念碑的名著！

汽車旅12カ月

宮脇俊三　41861-2

四季折々に鉄道旅の楽しさがある。1月から12月までその月ごとの楽しみ方を記した宮脇文学の原点である、初期『時刻表2万キロ』『最長片道切符の旅』に続く刊行の、鉄道旅のバイブル。（新装版）

文豪たちの妙な旅

山前譲〔編〕　41957-2

徳田秋聲、石川啄木、林芙美子、田山花袋、中島敦など日本文学史に名を残す文豪が書いた「変な旅」を集めたアンソロジー。旅には不思議がつきもの、ミステリー感漂う異色の9篇を収録。

居酒屋道楽

太田和彦　41748-6

街を歩き、歴史と人に想いを馳せて居酒屋を巡る。隅田川をさかのぼりはしご酒、浦安で山本周五郎に浸り、幕張では椎名誠さんと一杯、横浜と法善寺横丁の夜は歌謡曲に酔いしれる——味わい深い傑作、復刊！

魚の水（ニョクマム）はおいしい

開高健　41772-1

「大食の美食趣味」を自称する著者が出会ったヴェトナム、パリ、中国、日本等。世界を歩き貪欲に食べて飲み、その舌とペンで精緻にデッサンして本質をあぶり出す、食と酒エッセイ傑作選。

瓶のなかの旅

開高健　41813-1

世界中を歩き、酒場で煙草を片手に飲み明かす。随筆の名手の、深く、おいしく、時にかなしい極上エッセイを厳選。「瓶のなかの旅」「書斎のダンヒル、戦場のジッポ」など酒と煙草エッセイ傑作選。

魚心あれば

開高健　41900-8

釣りが初心者だった頃の「私の釣魚大全」、ルアー・フィッシングにハマった頃の「フィッシュ・オン」など、若い頃から晩年まで数多くの釣りエッセイ、紀行文から選りすぐって収録。単行本未収録作多数。

著訳者名の後の数字はISBNコードです。頭に「978-4-309」を付け、お近くの書店にてご注文下さい。